KB190581

이미지를 통한 삶과 말씀시리즈 3

이미지성경공부
IMAGE BIBLE STUDY

혼돈 속에서 주님을 바라보다

부록 〈액션바이블 - 세족식, 세례식, 성찬식〉

이영미, 이미숙, 우치언 지음

도서
출판 액션메소드

목차

시작하며   08
예수님의 대화법   12
추천사   14
단계별 설명   18

Part 1
위기 속에서

01 잃어버린 길   22
02 비   28
03 정보   34
04 화   40
05 낭떠러지   46

Part 2
혼돈 속에서

06 약속   54
07 시력   60
08 두려움   66
09 눈   72
10 기준   78

Part 3
희망 속에서

11 만남	86
12 약	92
13 옷	98
14 피아노	104
15 경로당	110
16 냄새	116

Part 4
Action Bible

01 세족식	124
02 세례식	128
03 성찬식	132

⬤ ─────── 시작하며

새로운 시대에 새로운 성경공부로!
이미지 성경공부로 성경공부 방식을 바꾸다

1. 성경공부는 계속되어야 한다

성경공부는 어느 시대나 다양한 방식으로 해왔었다. 책이 없던 시대는 말로 학문이 발전될 때는 학문의 방식으로 영상의 시대는 영상을 활용하는 성경공부로 신앙 공동체는 항상 성경을 가르치고 배워왔었다. 신앙 공동체는 성경공부가 바탕이 되어 왔었고 신앙의 기초를 만들어 왔다. 그러나 시대가 변화하면서 과거의 방식으로 더 이상 성경공부가 지속되기가 힘들어졌다. 수동적이고 지시적인 과거의 방식을 거부하는 교육환경은 성경공부가 변해야 한다고 말하고 있다.

2. 사람들은 이야기를 좋아한다

현대인들은 수많은 이야기 속에서 살고 있다. 그 이야기를 듣고만 있던 시대에서 자신의 이야기를 발견하고 자신도 이야기를 하고자 한다. 수동적이고 주입식 성경공부는 사람들의 이러한 욕구를 반영하지 못하고 있다. 나도 이야기 하고 싶다는 욕구는 어린아이부터 노인에 이르기까지 보편적인 현상이다 마찬가지로 성경공부도 참여자들이 스스로 함께 이야기 할 수 있는 방식으로 변해야 한다. 성경공부가 사역자나 선생님만 이야기 하는 구조에서 학생이나 성도들이 스스로 자신의 이야기를 하도록 유도하는 방식으로 변해야 하는 이유다.

3. 이미지를 통한 전달

이미지를 활용하는 분야가 오래전에는 예술영역에만 활용되다가 현대에 이르러 교육과 광고, 영상 미디어에 이르기까지 보편적으로 활용되면서 이미지가 없는 글이나 이야기만 으로는 사람들의 관심을 끌 수 없는 시대가 되었다. 이미지는 기억과 이야기 그리고 감정을 불러일으키는 매개체로서의 역할을 할 수 있다. 그래서 광고를 비롯한 미디어에서는 이미지를 활용한 다양한 컨텐츠가 발전되는 중이다. 광고나 영상이 단순한 정보나 효율성을 전달하는 방식에서 사람들이 제품이나 정보를 감성적으로 받아들이도록 노력하게 만드는 이유다.

4. 이미지 성경공부

성경공부하면 신앙인들이 마땅히 해야 한다고 생각하지만 예전처럼 자발적이지도 않고 흥미도 없는 것이 현실이다. 그래서 이미지 성경공부 방식은 기존의 형식과 다르게 시작한다. 정해진 답이나 틀려도 괜찮다는 방식의 이미지를 통한 이야기부터 시작하도록 한다. 자기가 경험하였고 자기만이 이야기 할 수 있는 시간을 가지면서 자연스럽게 성경의 이야기로 들어간다. 성경의 이야기도 마음속 이미지를 연결하여 저 먼 이야기가 아닌 지금 여기의 이야기처럼 받아들이도록 구성되어 있다. 자기의 이야기와 성경의 이야기가 교차되면서 성경 말씀이 여운으로

남아 자기 질문과 묵상, 통찰로 이어지게 한다.

―――――――――

이미지성경공부의 첫 작업부터 희망과 격려를 지속적으로 보내주고 계신 황헌영 교수님과 반신환 교수님 그리고 이 책을 목회와 선교현장에 적용해보시면서 조언과 추천서를 써주신 전경호 목사님, 이한욱 목사님, 이상구 목사님, 김광태 목사님, 박철현 선교사님께 깊은 감사를 드립니다. 또한 3권 출판을 위해 기꺼이 기도와 온 마음으로 협력해주신 신앙과 삶의 동역자인 김민아, 전영희, 조해진, 박미애, 안예빈, 이혜인님께 고마움을 전합니다. 이 교재를 통해 이미 변화되어진 시대에 교회공동체의 새로운 접근과 도구를 고민하는 한국교회에 도움이 되기를 간절히 기원합니다.

이미지 성경 공부 제작자 일동

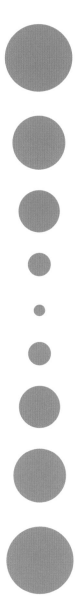

예수님의 대화법 (feat. 사마리아 여인)

요한복음 4장에는 작은 에피소드가 나온다. 예수님이 제자들도 없는 시간에 목이 말랐다. 그래서 낮에 사람들을 피해 물을 길으러 온 사마리아 여인에게 물을 청한다. 유대인과 사마리아 사람들은 서로 앙숙 같은 존재들이다. 한국과 일본 혹은 한국과 북한이라고 할 수 있을지 모르겠다.

나에게 물을 좀 주시겠소?

이 말을 들었던 사마리아 여인의 생각에는 무슨 그림이 그려졌을까? 자신들을 무시하던 유대인, 자신을 괴롭혔던 남자들, 자신의 기구한 삶이 물을 달라는 예수님의 말에 순간적으로 떠올렸을 것이다. 그래서 나온 대답이 "당신은 유대인으로서 어찌하여 내게 물을 달라고 하십니까?"이다.

이 사마리아 여인의 말과 표정을 읽으면서 예수님은 반응하셨다. 서로 얼굴을 바라보며 여인은 거부감이 드는 표정으로 예수님은 안타까운 표정으로 서 있었다. 각자 서로가 가진 이미지를 가지고 바라보았기 때문에 그에 걸맞은 표정으로 상호작용을 하였다. 상호작용은 대화로 하고 있지만, 서로의 이미지는 변하고 있음을 볼 수 있다.

네가 하나님의 선물을 알고,

또 너에게 물을 달라는 사람이 누구인지를 알았더라면,

도리어 네가 그에게 청하였을 것이고, 그는 너에게 생수를 주었을 것이다.

여인의 말과 마음속 거부감을 예수님은 이와 같은 말로 변화시키고 있다. 단순한 대화지만 다양한 이미지가 들어 있음을 추측해 볼 수 있다. 현대 인간 이해는 성경에 나타난 말뿐 아니라 정서와 이미지를 추측할 수 있게 하였다. 인간 이해 없는 성경 이해는 예수님을 로봇처럼 이해하게 만든다. 신이니까 다 알았겠지, 혹은 교리적으로만 받아들이면서 성경의 생동감을 반감시킨다. 다시 여인의 말을 들어 보자.

> 선생님, 선생님에게는 두레박도 없고, 이 우물은 깊은데,
>
> 선생님은 어디에서 생수를 구하신다는 말입니까?
>
> 선생님이 우리 조상 야곱보다 더 위대하신 분이라는 말입니까?

예수님의 영적인 대답에 여인은 현실적이고 합리적인 물음과 예수님 존재에 대해 질문을 하고 있다. 이 질문은 예수님의 대답에서 시작되었다. 그 대답은 여인에게 질문을 낳게 했다. 여인은 질문과 대답을 통해 점차 현실에서 예수님의 존재에 대한 질문으로 옮겨가고 있음을 보게 된다. 이 문답 속에서 여인은 자신의 삶을 이야기할 수밖에 없었고 예수님의 존재를 남자에서 예언자로 구주로 인정하게 된다. 이러한 일련의 과정은 오늘 우리에게 시사하는 바가 크다. 상대의 이미지에 반응하면서 이야기와 감정을 끌어내고 변화시키는 능력이 그리스도인에게 필요한 부분이다. 세상은 인간의 이미지에 침투하기 위해 다양한 노력을 하고 있다. 이미지는 영혼을 움직이는 첫 번째 관문이라 할 수 있다. 오늘날 성경 공부 속에서 또 인간관계 속에서도 필요한 부분이 아닐까? 한 사람의 이미지 속에는 그 사람의 감정과 인생과 이야기가 숨어 있다. 이를 표현하게 만드는 과정이 성경 공부의 기초이며 인간관계의 기본이 되어야 한다. 이미지의 변화는 영혼의 변화뿐만 아니라 사고와 행동의 변화까지 가져오기 때문이다.

추천사

반신환 교수 한남대학교 기독교학과

기독교 역사에서 긴 세월 동안 이루어졌던 '이미지', '신체', '활동'을 통합한 성경공부가
현대적으로 소개되는 것은 하나님의 큰 은혜입니다. 이미지 성경공부 교재가 우리 개인과
공동체에 파급하게 될 감동과 영향을 기대합니다.

황헌영 교수 서울신학대학교

심령 골수를 꿰뚫는 하나님의 말씀, 우리 마음의 작용과 어떻게 연결이 될까? 우뇌로 접근
하는 새로운 성경공부를 접해보라. 이미지 성경공부는 그동안 뇌의 좌반구 편향으로 접근
해온 기존 성경공부의 한계를 넘어서서 마음의 심상과 삶의 기억들을 이야기로 담고 있는
우반구 뇌의 작용을 활성화하여 지금까지 맛보지 못한 성경의 묘미를 아주 신선하게 펼쳐
낸다! 삶의 실타래가 풀리는 감격을 맛보게 한다.

전경호 목사 청년목회자연합, 다음세대코칭센터 대표

"진작에 나왔어야 했습니다. 정말 이 시대에 맞는 성경공부의 획기적인 전환이면서도 가
장 성경적인 방법인 이미지 성경공부, 다음 세대는 물론 장년들까지도 이 방법으로 성경
을 대한다면 성경이 가슴에 새겨지고, 내 삶에 적용되는 놀라운 결과를 보게 될 것입니다.
이 책의 내용을 통해 청년들과 함께 성경공부할 시간이 벌써부터 기대가 됩니다."

이한욱 목사 **열방교회**

이미지 성경공부 교재가 출간된 것은 한국교회의 축복입니다. 성경을 입체적으로 보게 하고, 입으로 묘사하며 스토리텔링을 할 수 있도록 돕는 교재가 필요했습니다. 또한 자신의 갈등과 연결해 치료와 회복으로 나가게 돕는 이 교재는 한국교회를 은혜롭게 할 것입니다.

이상구 목사 **파리 한인침례교회**

저희 교회의 교우들이 참여했던 이미지 성경공부는 제시된 이미지들을 통해 풀어내는 문답 형식과 내용이 모두 심오했습니다. 활자화된 성경 구절을 선 제시하여 진행하던 기존의 학습방법에서 완전히 벗어나, 혁신적으로 주제별 〈이미지 제시〉를 통해 참가자들로 하여금 신선하고 자연스러운 호기심 유발과 함께 친근감 있는 학습 접근의 동기부여, 활발한 참여가 가능하였던 것 같습니다. 콘텐츠가 각 진행 단계끼리 서로 유기적으로 잘 연결되어 있고, 참가자 자신의 일상과 삶의 문제들이 결국 말씀과 연계되어 풀어내어지는 확장성 높은 논리를 보유하고 있고 그 매커니즘으로 효과적인 학습 마무리를 유도할 수 있었습니다. 참가한 교우들이 이미지를 통한 과거와 현재의 아픔을 털어놓으니 속이 후련하고 스스로 힐링 됐다는 소감과 함께 성경 말씀에 자연스럽게 다가갈 수 있어 신선했고 재미있었다 합니다. 불어로도 진행되어 당시 프랑스인들에게도 쉽게 접근할 수 있었습니다. 주위의 비크리스찬들에게도 배운 대로 나눌 수도 있겠다는 교우도 있었습니다. 부부도 참석했는데 서로가 가진 고민과 아픔을 주고받는 기회도 되었습니다. 항상 소지 가능한 간편 크기의 교재만 있다면 목장 모임에 도입하면 좋을 학습 방법이라 여겨졌는데 마침 성경공부 교재로 제작되었다는 소식이 무척 반갑습니다. 이미지 성경공부가 교회와 선교지역에 잘 뿌리내리기를 기원합니다.

Missionary Dr. NGUYEN CUU Nam Tran 파리 한인침례교회 베트남 선교사

Médecine Générale et MicroNutritionnelle in Paris

아주 새로운 콘셉트이네요. 스마트폰과 일상에서 쓰이는 물건이나 단어를 이미지로 이용한 아주 현대적인 방법이네요. 평소에 서로에게 그리고 우리 자신에게 물어보지 않는 중요한 질문들이 들어있습니다. 말씀의 분량이 많지 않아서 집중하기 어려운 학생들에게도 부담이 없어요. 특히 새신자나 무신론자의 마음에 다가가기에 도움이 되는 질문들이 훌륭합니다.

김광태 목사 시카고 한인제일연합감리교회

오늘의 그리스도인들과 교회는 4차 산업혁명과 포스트모던니즘을 기반으로 형성된 새로운 문화에 적합한 그룹성경공부 교재와 방법이 절실하게 필요하게 되었다. 이런 필요를 충족 시켜줄 수 있는 적합한 그룹성경공부 교재와 방법이 개발되어 참으로 감사하다. 바로 '이미 지 성경공부'이다. '이미지 성경공부'의 독특한 장점은 집단상담원리를 적용하는 소통의 방 식으로 참여자들 개개인과 전체가 자신들의 독특한 컨텍스트에서 텍스트(말씀)를 역동적으 로 만날 수 있도록 인도해 준다.

박철현 선교사 GMS 동남아 이슬람 증경 지역대표

연세대 언더우드상 수상 | 선교 영화 파파 오랑후탄 주인공

누구나 또 누구에게나 현장에서 바로 적용하여 양육할 수 있는 "이미지성경공부"책을 시리즈로 발간하게 되었다. 이 책은 한국교회 목회자, 교회 리더 그리고 선교지에서도 누구나 쉽게 사용할 수 있는 탁월한 현장 성경공부 방법이기에 인도네시아어와 말레이어로도 번역이 되고 있습니다. 이 책이 국내와 전 세계에 보급이 되어 영혼과 교회를 살리는데 쓰임받을 것을 확신하며 추천합니다.

단계별 설명

01 이미지 보고 이야기하기

첫 단계의 그림은 단순한 이미지이다. 인도자의 질문을 통해 참여자들은 자신의 기억을 떠올리게 된다. 최근의 기억 가운데 단순하고 소소한 일상을 말할 수도 있고 오래되고 가슴 아픈 기억을 떠올릴 수도 있다. 일상에서 보이는 모든 사물도 기억을 촉진하는 이미지이다. 그 이미지가 구체성을 가지느냐 아니냐는 각자의 삶의 내용과 관련이 있다.

이미지 성경에서 사용하는 이미지는 참여자들의 기억을 촉진하고 성경 말씀과 연결을 위해 사용한다. 참여자들은 단순한 이미지를 통해 사실적 기억을 먼저 말하게 된다. 실제로 경험한 일상의 이야기를 나누면서 서로가 편하게 된다. 다음으로 삶의 한 단편이나 추상적인 이야기의 질문을 통해 자신의 마음을 이야기하게 한다. 아픈 기억이나 마음속에 풀리지 않은 고민을 이야기할 수도 있다. 참여자들은 이야기하면서 기억이 활성화된다.

이처럼 활성화된 기억과 감정을 가지고 이야기하면 단순한 이야기가 아니라 서로를 이해할 수 있는 분위기가 형성된다. 인도자는 참여자가 어떻게 살아왔는지, 어떤 고민이 있는지, 아직 해결되지 못한 문제가 무엇인지를 구조적으로 이야기할 수 있게 돕는다. 마음의 이야기를 서로 나누는 상호작용은 이미지 성경 공부에서 중요한 첫 단계이다.

02 말씀 읽고 선택하기

이미지 단계에서 자신의 이야기와 기억을 소환하여 관계가 편해지면 인도자는 참여자들에게 성경을 읽고 어떤 말씀이 끌리는지 선택해 보게 한다. 이미지 단계에서 자기표현이 편해지면 자발성이 올라가고 성경을 연상해 보기가 쉽다. 문자를 해석하지 말고 성경 자체가 묘사하는 장면을 그리다 보면 성경이 입체적으로 보이게 된다. 자기 스스로 묘사한 성경 내용은 스토리텔링화되면서 더욱 구체화되고 생동감 있게 묘사된다. 읽고 선택하고 그 이유를 설명하면서 활성화된 성경 이미지가 은연중에 자신의 경험을 투영하기 때문이다.

03 선택한 말씀 나누기

참여자들의 선택에 의해 성경 말씀을 탐색한다. 선택된 하나의 성경 장면 혹은 구절에 대하여 인도자가 질문하게 되면 말씀은 살아 움직이게 된다. 질문은 성경을 구체적으로 보기 위한 방식과 다른 관점을 가져보게 하는 방식, 그리고 자신과 연관성을 고려하며 질문을 하도록 구성되어 있다. 이 과정에서 주어진 질문을 따라 단계적으로 진행할 수도 있지만, 인도자의 역량에 따라 하나의 질문에 더 집중해도 된다. 질문과 대답을 하다 보면 또 다른 질문이 생겨난다. 알고 싶은 욕구와 인도자가 가르쳐준 내용이 비례할 때 학습효과는 극대화된다.

04 말씀에 대한 의미 설명

설명은 각자가 이야기한 내용을 요약하고 간략한 주석을 할 수 있다. 이 과정들은 성경의 의미가 만들어지는 과정이다. 참여자들은 성경 내용을 많이 아는 사람부터 모르는 사람까지 다양하다. 그래서 참여자들이 말한 성경 묘사를 요약해 주면서 자신들의 이야기가 소홀히 여겨지지 않는다는 느낌을 받도록 한다. 그 과정에서 해석 혹은 교육의 이야기를 조금만 덧붙이면 된다. 마지막에 제시한 말씀 해설은 삶의 이야기와 성경의 이야기를 종합 정리하게 된다. 설교처럼 듣는 사람도 있고 해설처럼 이해하는 사람도 있을 수 있다. 한 사람의 사역자가 예화와 해석 그리고 선포로 이어지는 설교처럼 이미지 성경 말씀은 함께 만들어가는 설교라고 할 수 있다.

PART 1.

위기 속에서

01 잃어버린 길

02 비

03 정보

04 화

05 낭떠러지

01 잃어버린 길

이미지 보고 이야기하기

---

1 최근 운전하다가 혹은 길을 걷다가 길을 잘 못 들어설 때가 있었습니까?

2 당신이 길을 잃어버리면 하는 행동은 무엇이며 감정은 어떠합니까?

3 당신의 인생에서 길을 잃었다고 생각할 때는 언제였습니까?

4 당시 잃어버린 길을 다시 찾기 위해 어떤 노력을 했습니까?

● 말씀 읽고 선택하기

>> 성경말씀을 읽고 마음에 와 닿는 말씀을 선택한 후, 그 이유를 나누어 보세요.

말씀 1 ｜ 누가복음 19장 1-10절

1 예수께서 여리고로 들어가 지나가시더라 2 삭개오라 이름하는 자가 있으니 세리장이요 또한 부자라 3 그가 예수께서 어떠한 사람인가 하여 보고자 하되 키가 작고 사람이 많아 할 수 없어 4 앞으로 달려가서 보기 위하여 돌무화과나무에 올라가니 이는 예수께서 그리로 지나가시게 됨이러라 5 예수께서 그 곳에 이르사 쳐다 보시고 이르시되 삭개오야 속히 내려오라 내가 오늘 네 집에 유하여야 하겠다 하시니 6 급히 내려와 즐거워하며 영접하거늘 7 뭇 사람이 보고 수군거려 이르되 저가 죄인의 집에 유하러 들어갔도다 하더라 8 삭개오가 서서 주께 여짜오되 주여 보시옵소서 내 소유의 절반을 가난한 자들에게 주겠사오며 만일 누구의 것을 속여 빼앗은 일이 있으면 네 갑절이나 갚겠나이다 9 예수께서 이르시되 오늘 구원이 이 집에 이르렀으니 이 사람도 아브라함의 자손임이로다 10 인자가 온 것은 잃어버린 자를 찾아 구원하려 함이니라

말씀 2 ｜ 로마서 3장 10-18절

10 기록된 바 의인은 없나니 하나도 없으며 11 깨닫는 자도 없고 하나님을 찾는 자도 없고 12 다 치우쳐 함께 무익하게 되고 선을 행하는 자는 없나니 하나도 없도다 13 그들의 목구멍은 열린 무덤이요 그 혀로는 속임을 일삼으며 그 입술에는 독사의 독이 있고 14 그 입에는 저주와 악독이 가득하고 15 그 발은 피 흘리는 데 빠른지라 16 파멸과 고생이 그 길에 있어 17 평강의 길을 알지 못하였고 18그들의 눈 앞에 하나님을 두려워함이 없느니라 함과 같으니라

● 말씀 나누기

>> 선택한 본문 말씀의 질문에 대하여 나누어 보세요.

Q&A 누가복음 19장 1-10절

1. 삭개오가 부자임에도 예수님을 보고자 노력한 이유는 무엇이라 생각합니까?

2. 당신도 삭개오처럼 잃어버린 길을 찾았거나 방향을 찾아서 기뻐했던 적이 있습니까?

3. 예수님이 오신 것은 잃어버린 자를 찾아 구원하려 함이라고 말씀하십니다.
   잃어버린 자는 어떤 사람이라고 생각합니까?

4. 당신은 삶 속에서 길을 잃어 하나님께 물어본 경험이 있습니까?

Q&A 로마서 3장 10-18절

1. 자신이 의롭다고 하는 사람, 똑똑하다고 하는 사람을 보면 무엇이 문제라고 생각합니까?

2. 평강의 길을 아는 것과 하나님을 두려워하는 것은 어떤 관계가 있다고 생각합니까?

3. 사람들이 평안과 안식을 위해 취하는 행동은 무엇입니까?

4. 당신은 평강과 평화를 갖기 위해 어떤 노력을 하고 있습니까?

● 메시지

말씀 1　　누가복음 19장 1-10절

사람은 길을 걷다가 혹은 운전하다가 길을 잃으면 당황하게 됩니다. 마찬가지로 살면서 인생의 길을 잃어버리기도 합니다. 이렇게 사는 게 맞는가? 이게 내가 원했던 길인가 하는 마음을 누구나 갖게 됩니다. 이 시점은 방향을 수정할 수 있는 기회입니다. 길을 찾을 수 있는 기회입니다. 삭개오가 세리장이라는 자신의 지위에 맞지 않게 예수님을 보려고 달려가 나무에 올라가고, 예수님의 부르심에 즐겁게 응답한 모습은 자신의 삶에 대해 마음 깊이 회의를 가졌기 때문입니다. 잘 먹고 잘 사는 것으로 만족한 게 아니라 어떻게 사는 게 맞는지 예수님을 만나서 묻고 싶었던 것입니다. 길을 잃어버렸다고 절망하지 마십시오. 길을 못찾았다고 슬퍼하지 마십시오. 이 순간이야 말로 예수님을 만나서 예수님께 물어볼 수 있는 기회입니다.

말씀 2　　로마서 3장 10-18절

목적지를 분명히 아는 사람은 자기의 길을 거침없이 가게 됩니다. 반면 자기의 길을 모르는 사람은 여기저기 두리번거리게 됩니다. 인생의 목적이 분명한 사람은 그 목적을 위해 달려갑니다. 그러나 인생의 목적이 불분명한 사람은 이것저것 해보고 좌절하고 화내고 남의 탓을 하게 마련입니다. 말을 하면서도 자신이 무슨 말을 하는지 모르거나, 거짓을 말하면서 거짓을 말하는지 모르거나, 남에게 피해를 주는지 모르면서 남의 흉을 보게 됩니다. 이 모든 것은 목적지가 분명하지 않은 사람들의 태도입니다. 하나님을 두려워하지 않은 사람의 모습입니다. 목적이 하나님께 향한 사람은 그렇지 않습니다, 말과 행동이 분명하게 됩니다. 말과 행동이 분명한 사람은 평강의 길을 걷게 됩니다.

나눔

....
....
....
....
....
....

02 비

이미지 보고 이야기하기

---

1 최근에 비를 맞은 적은 언제였나요?

2 살면서 가장 많은 비를 맞아 본 경우나 많은 비를 봤던 적은 언제였나요?

3 당신의 삶에서 비를 맞은 느낌이 들었던 때는 언제였나요?

4 그 비를 피하도록 누가 우산을 씌워 주었나요?

● 말씀 읽고 선택하기

>> 성경말씀을 읽고 마음에 와 닿는 말씀을 선택한 후, 그 이유를 나누어 보세요.

말씀 1　　시편 105편 31-40절

31 여호와께서 말씀하신즉 파리 떼가 오며 그들의 온 영토에 이가 생겼도다 32 비 대신 우박을 내리시며 그들의 땅에 화염을 내리셨도다 33 그들의 포도나무와 무화과나무를 치시며 그들의 지경에 있는 나무를 찍으셨도다 34 여호와께서 말씀하신즉 황충과 수많은 메뚜기가 몰려와 35 그들의 땅에 있는 모든 채소를 먹으며 그들의 밭에 있는 열매를 먹었도다 36 또 여호와께서 그들의 기력의 시작인 그 땅의 모든 장자를 치셨도다 37 마침내 그들을 인도하여 은 금을 가지고 나오게 하시니 그의 지파 중에 비틀거리는 자가 하나도 없었도다 38 그들이 떠날 때에 애굽이 기뻐하였으니 그들이 그들을 두려워함이로다 39 여호와께서 낮에는 구름을 펴사 덮개를 삼으시고 밤에는 불로 밝히셨으며 40 그들이 구한즉 메추라기를 가져 오시고 또 하늘의 양식으로 그들을 만족하게 하셨도다

말씀 2　　히브리서 6장 17-20절

17 하나님은 약속을 기업으로 받는 자들에게 그 뜻이 변하지 아니함을 충분히 나타내시려고 그 일을 맹세로 보증하셨나니 18 이는 하나님이 거짓말을 하실 수 없는 이 두 가지 변하지 못할 사실로 말미암아 앞에 있는 소망을 얻으려고 피난처를 찾은 우리에게 큰 안위를 받게 하려 하심이라 19 우리가 이 소망을 가지고 있는 것은 영혼의 닻 같아서 튼튼하고 견고하여 휘장 안에 들어 가나니 20 그리로 앞서 가신 예수께서 멜기세덱의 반차를 따라 영원히 대제사장이 되어 우리를 위하여 들어 가셨느니라

● 말씀 나누기

>> 선택한 본문 말씀의 질문에 대하여 나누어 보세요.

Q&A 시편 105편 31-40절

1. 파리, 이, 우박, 화염을 내리고, 나무를 찍어버리고, 채소와 열매를 황충과 메뚜기가 먹어버리면 그 땅은 어떻게 되고 사람은 어떤 마음이 될까요?

2. 출애굽을 한 백성들이 광야에서 생활할 때 두려움은 무엇이었을까요?

3. 사람들은 두려움이 오면 어떤 행동을 하는지 말해보세요.

4. 여호와께서는 낮에는 구름, 밤에는 불, 양식으로는 메추라기를 주셨습니다. 오늘날 하나님은 우리에게 어떤 도움을 주고 있는지 말해 보세요.

Q&A 히브리서 6장 17-20절

1. 하나님은 어떤 사람들에게 어떤 맹세를 하셨나요?

2. 피난처(고난을 피하기 위한 곳)를 찾는 사람들의 처지와 마음은 어떠할까요?

3. 당신은 고난과 고통을 피하기 위해 어떤 행동을 했었나요?

4. 사람들이 피난처로 삼는 것은 무엇이며 하는 행동은 무엇입니까?

말씀 1   시편 105편 31-40절

하나님은 이스라엘 백성을 괴롭히던 애굽을 철저하게 공격하십니다. 이스라엘 백성이 탈출하도록 길을 열어주셨습니다. 애굽에서 살아난 이스라엘 백성들은 죽음에서 벗어난 것과 다름없었습니다. 그러나 광야에 들어서자 어려움이 닥쳤습니다. 먹을 것을 걱정하고 갈 길을 몰라 방황했습니다. 그런 이스라엘 백성을 위해 구름으로 더위를 막아주시고 밤에는 불빛으로 갈 길을 인도하였습니다. 우리는 하나님의 은혜를 경험했어도 어려움이 닥치면 은혜를 잊어버립니다. 출애굽한 이스라엘 백성도 그러했습니다. 그럼에도 하나님은 우리의 부족함을 항상 채워주십니다. 우리에게 만족할 은혜를 부어 주십니다.

말씀 2   히브리서 6장 17-20절

약속은 약속을 한 당사자만 아는 특성이 있습니다. 약속을 한 사람은 중요한 계약관계에 있기 때문입니다. 하나님을 믿는 사람들이란 하나님의 약속을 받은 사람이란 뜻입니다. 그 약속이란 어려움을 당할 때 피난처가 되어주신다는 약속입니다. 살아가면서 고난과 핍박은 모든 인간이 경험하게 됩니다. 그런데 믿는 사람에게는 하나님이 도피처가 되어주신다고 합니다. 또한 모든 인간은 죽을 수밖에 없는 희망 없는 존재인데 하나님께서 희망이 되어주신다고 말씀하셨습니다. 이 약속의 가장 큰 표본이 예수님이십니다. 예수님이 곧 우리의 도피처요 희망이 되십니다.

나눔

03 정보

이미지 보고 이야기하기

_____

1. 어제 당신이 인터넷에서 찾아본 정보는 무엇입니까?

2. 당신은 궁금할 때 누구에게 물어봅니까?

3. 당신의 삶에서 오래된 질문은 무엇입니까?

4. 그 질문에 답해 줄 수 있는 사람은 누구입니까?

● 말씀 읽고 선택하기

>> 성경말씀을 읽고 마음에 와 닿는 말씀을 선택한 후, 그 이유를 나누어 보세요.

말씀 1   사도행전 4장 7-12절

7 사도들을 가운데 세우고 묻되 너희가 무슨 권세와 누구의 이름으로 이 일을 행하였느냐 8 이에 베드로가

성령이 충만하여 이르되 백성의 관리들과 장로들아 9 만일 병자에게 행한 착한 일에 대하여 이 사람이 어

떻게 구원을 받았느냐고 오늘 우리에게 질문한다면 10 너희와 모든 이스라엘 백성들은 알라 너희가 십자

가에 못 박고 하나님이 죽은 자 가운데서 살리신 나사렛 예수 그리스도의 이름으로 이 사람이 건강하게 되

어 너희 앞에 섰느니라 11 이 예수는 너희 건축자들의 버린 돌로서 집 모퉁이의 머릿돌이 되었느니라 12

다른 이로써는 구원을 받을 수 없나니 천하사람 중에 구원을 받을 만한 다른 이름을 우리에게 주신 일이 없

음이라 하였더라

말씀 2   마가복음 3장 31정-35절

31 그 때에 예수의 어머니와 동생들이 와서 밖에 서서 사람을 보내어 예수를 부르니 32 무리가 예수를

둘러 앉았다가 여짜오되 보소서 당신의 어머니와 동생들과 누이들이 밖에서 찾나이다 33 대답하시되

누가 내 어머니이며 동생들이냐 하시고 34 둘러 앉은 자들을 보시며 이르시되 내 어머니와 내 동생들

을 보라 35 누구든지 하나님의 뜻대로 행하는 자가 내 형제요 자매요 어머니이니라

● 말씀 나누기

>> 선택한 본문 말씀의 질문에 대하여 나누어 보세요.

Q&A 사도행전 4장 7-12절

1. 9절에서 병자를 위한 착한 일은 병을 고친 일과 구원을 받은 것을 함께 말하고 있습니다. 의술로서만 병을 고친 것과 병자의 구원을 위해 병을 고치는 행위의 차이는 무엇입니까?

2. 10절은 9절의 질문에 답하는 내용입니다. 당신이 가지고 있는 질문의 답을 10절을 참고하여 말해 보세요.

3. 12절 말씀이 당신의 오래된 질문에 답이 되는지 답이 되지 않는지 말해 보세요.

4. 주변 사람들은 어떤 질문을 가지고 살고 있는지 말해 보세요.

Q&A 마가복음 3장 31정-35절

1. 예수님의 가족이 예수님을 부릅니다. 당신의 가족이 당신을 부를 때는 언제입니까? 좋은 상황과 나쁜 상황을 말해 보세요.

2. 예수님은 실제적인 가족과 영적인 가족을 분리해서 말씀하십니다. 이 의미를 말해 보세요.

3. 하나님의 뜻대로 행하는 자가 내 가족이라는 말을 당신의 말로 설명해 보세요.

4. 옛날 사람들이 말하는 가족과 오늘날 사람들이 말하는 가족의 차이를 말해 보세요.

● 메시지

말씀 1　　사도행전 4장 7-12절

오래전에는 모르는 것을 어른에게 물었습니다. 이후에는 교수나 선생에게 물었습니다. 요즘에는 컴퓨터가 모든 질문에 답해 줍니다. 그러나 어른이 완전하지 않았고 교수나 선생이 모든 것을 알지 못합니다. 컴퓨터가 아무리 많이 알아도 영원한 생명에 대한 답을 주지는 못합니다. 우리의 구원의 문제는 병이 낫는 것보다 중요합니다. 그런데 병을 어떻게 낫는지에 대한 질문을 하지만 구원에 대한 질문을 하지 않습니다. 무엇을 질문해야 할지 모르기 때문입니다. 그러나 모든 인간이 가진 질문은 어떻게 구원받는지에 대한 질문입니다. 구원은 병을 낫는 것만이 아니라 어떻게 살고 죽는지에 대한 모든 질문이 포함됩니다. 이 궁극적인 질문에 대한 해답으로서 예수 그리스도의 이름이 우리에게 주어진 것입니다.

말씀 2　　마가복음 3장 31정-35절

우리는 우리가 가진 관습과 도덕이 당연한 듯 살고 있습니다. 그런데 아프리카에는 아프리카 국가의 관습과 도덕이 있습니다. 아시아에는 아시아 국가들의 관습과 도덕이 있습니다. 가족관계도 그렇습니다. 그냥 자녀로 태어났고 부모로서 역할을 할 뿐입니다. 여기서 주님은 중요한 가르침, 즉 정보를 우리에게 주십니다. 그냥 받아들이는 관습과 관계가 아닌 하나님 안에서 그 관습과 관계를 올바로 규정하십니다. 하나님의 뜻대로 행하는 자가 내 형제요 어머니라는 말은 하나님 안에서 관습과 가족이 재규정돼야 한다는 말입니다. 가족을 넘어 신앙 안에서의 가족과 관계를 말씀하십니다.

나눔

....

....

....

....

....

04 화

이미지 보고 이야기하기

---

1 최근에 화나거나 분노한 이유는 무엇입니까?

2 당신을 화나게 한 것은 사람입니까? 사건입니까?

3 앞에서 말한 화를 처음 가지게 된 때를 기억하십니까?

4 오래전 화를 낸 나의 모습과 요즘 화날 때 나의 모습은 무엇이 다릅니까?

● 말씀 읽고 선택하기

>> 성경말씀을 읽고 마음에 와 닿는 말씀을 선택한 후, 그 이유를 나누어 보세요.

말씀 1 디모데전서 2장 5-10절

5 하나님은 한 분이시요 또 하나님과 사람 사이에 중보자도 한 분이시니 곧 사람이신 그리스도 예수라 6 그가 모든 사람을 위하여 자기를 대속물로 주셨으니 기약이 이르러 주신 증거니라 7 이를 위하여 내가 전파하는 자와 사도로 세움을 입은 것은 참말이요 거짓말이 아니니 믿음과 진리 안에서 내가 이방인의 스승이 되었노라 8 그러므로 각처에서 남자들이 분노와 다툼이 없이 거룩한 손을 들어 기도하기를 원하노라 9 또 이와 같이 여자들도 단정하게 옷을 입으며 소박함과 정절로써 자기를 단장하고 땋은 머리와 금이나 진주나 값진 옷으로 하지 말고 10 오직 선행으로 하기를 원하노라 이것이 하나님을 경외한다 하는 자들에게 마땅한 것이니라

말씀 2 에베소서 4장 26-30절

26 분을 내어도 죄를 짓지 말며 해가 지도록 분을 품지 말고 27 마귀에게 틈을 주지 말라 28 도둑질하는 자는 다시 도둑질하지 말고 돌이켜 가난한 자에게 구제할 수 있도록 자기 손으로 수고하여 선한 일을 하라 29 무릇 더러운 말은 너희 입 밖에도 내지 말고 오직 덕을 세우는 데 소용되는 대로 선한 말을 하여 듣는 자들에게 은혜를 끼치게 하라 30 하나님의 성령을 근심하게 하지 말라 그 안에서 너희가 구원의 날까지 인치심을 받았느니라

● 말씀 나누기

>> 선택한 본문 말씀의 질문에 대하여 나누어 보세요.

Q&A 디모데전서 2장 5-10절

1. 하나님과 사람 사이에 있는 불화는 왜 생겼다고 생각합니까?

2. 화(분노)는 하나님과 나, 나와 사람들 사이의 관계를 망치게 합니다.
   당신은 무엇에 대해 화를 많이 드러냅니까?

3. 우리가 화를 내지 않기 위해 어떤 노력을 하면 좋을지 나누어 보세요.

4. 우리가 화를 잠재우기 위한 신앙적 노력은 무엇인지 말해 보세요.

Q&A 에베소서 4장 26-30절

1. 가장 길게 분노를 품었던 때는 언제, 무엇 때문이었습니까?

2. 27절에서 분을 품는 것은 마귀에게 틈을 주는 것이라 말합니다.
   당신의 입장에서 해석해 보세요.

3. 선한 일, 선한 말을 하기 위해 당신은 어떤 노력을 합니까?

4. 하나님이 당신을 구원하셨다는 기쁨과 당신이 가진 분노를 비교해 보세요.

말씀 1   디모데전서 2장 5-10절

하나님은 우리를 사랑하셨기에 예수님을 우리의 죄를 위해 대속물로 주셨습니다. 이 사실을 사람마다 깨닫고 믿고 따라야 하는 것이 그리스도인의 본분입니다. 모든 그리스도인은 사도이며 복음을 세상 사람들에게 가르쳐야 하는 사명이 있습니다. 선행을 통해 영향력을 통해 예수님의 사랑을 만인에게 전해야 합니다. 그러나 우리가 화내고 관계가 어긋남으로 복음을 올바르게 전하지 못하고 복음 전파를 방해합니다. 우리가 하나님을 경외하고 예수님을 따른다면 화내는 것을 멈추고 관계를 잘 맺는 것부터 시작해야 합니다.

말씀 2   에베소서 4장 26-30절

분노는 현대인들만 아니라 역사 이래로 인간의 근본적 문제입니다. 분노의 이유는 다양합니다. 심리적 문제에서부터 다양한 사건·사고로 화를 내게 됩니다. 이를 해결하기 위해 원인을 찾기도 하고 약을 먹기도 합니다. 그러나 말씀은 우리에게 선한 일로 우리의 마음을 정화시키기를 바라십니다. 마귀가 일하도록 틈을 주지 말고 예수님을 따르고자 하는 마음을 우선하여 마음과 행동을 바르게 하라고 하십니다. 성령님을 배반하는 일을 하지 말라고 명령하십니다. 덕을 세우고 선한 일을 하며 은혜를 끼치라고 말씀하십니다.

나눔

....

....

....

....

....

....

05 낭떠러지

이미지 보고 이야기하기

---

① 드라마, 사극, 영화에서 낭떠러지에서 떨어지는 장면을 언제 보았나요?

② 낭떠러지에서 떨어진 사람이 살아나는 경우는 어떤 경우일까요?

③ 당신은 낭떠러지에서 떨어지는 꿈을 꾼 적이 있거나 실제 그런 느낌을 받은 적이 있나요?

④ 당신이 낭떠러지에서 떨어지려고 할 때 어떤 도움이 필요할까요?

● 말씀 읽고 선택하기

>> 성경말씀을 읽고 마음에 와 닿는 말씀을 선택한 후, 그 이유를 나누어 보세요.

말씀 1   시편 23편 1-6절

1 여호와는 나의 목자시니 내게 부족함이 없으리로다 2 그가 나를 푸른 풀밭에 누이시며 쉴 만한 물 가로 인도하시는도다 3 내 영혼을 소생시키고 자기 이름을 위하여 의의 길로 인도하시는도다 4 내가 사망의 음침한 골짜기로 다닐지라도 해를 두려워하지 않을 것은 주께서 나와 함께 하심이라 주의 지팡이와 막대기가 나를 안위하시나이다 5 주께서 내 원수의 목전에서 내게 상을 차려 주시고 기름을 내 머리에 부으셨으니 내 잔이 넘치나이다 6 내 평생에 선하심과 인자하심이 반드시 나를 따르리니 내가 여호와의 집에 영원히 살리로다

말씀 2   누가복음 4장 28-30절

28 회당에 있는 자들이 이것을 듣고 다 크게 화가 나서 29 일어나 동네 밖으로 쫓아내어 그 동네가 건설된 산 낭떠러지까지 끌고 가서 밀쳐 떨어뜨리고자 하되 30 예수께서 그들 가운데로 지나서 가시니라

● 말씀 나누기

>> 선택한 본문 말씀의 질문에 대하여 나누어 보세요.

Q&A 시편 23편 1-6절

1. 본문 1절에서 부족함이 없는 이유를 2,3,4절에서 찾아보세요.

2. 낭떠러지 혹은 사망의 음침한 골짜기와 같은 상황을 겪어 본 적이 있는지 이야기해 보세요.

3. 5절에서 "원수의 목전에서 상을 차려 주셨다"와 "머리에 기름을 부으셨다"를 각자 느낌
   대로 해석해 보세요.

4. 여호와의 집에 사는 느낌과 기분은 어떠할까요?
   그 여호와의 집에서 누구와 함께하고 싶나요?

Q&A 누가복음 4장 28-30절

1. 예수님을 낭떠러지로 끌고 가는 사람들의 마음 상태는 어떠했으며 말과 행동은
   어떠했는지 상상해서 말해 보세요.

2. 당신도 화가 나서 타인을 비방하거나, 화난 사람이 당신을 비방했던 경험을 말해보세요.

3. 예수님은 화난 군중 사이로 지나갈 때 이를 본 군중은 무슨 마음이었을까요?

4. 사람들은 분노가 일어나면 어떻게 하는지 나누어 보세요.

● 메시지

말씀 1   시편 23편 1-6절

현대인들이 추구하는 '웰빙'이란 말은 몸과 마음의 편안함과 행복을 추구하는 태도나 행동을 말합니다. 성경에는 이 말이 오래전부터 사용되어 왔습니다. 성경에서 말하는 평안은 하나님 안에서 하나님의 인도하심으로 충족되는 삶을 말합니다. 나 혼자 만드는 웰빙은 어려움에서 나 자신을 구하지 못합니다. 나 혼자 만드는 웰빙은 절망에서 나를 살리지 못합니다. 그러나 주님 안에서 누리는 평안은 부족함이 없을 뿐 아니라 영혼을 살리고 원수 앞에서도 살아나게 만듭니다. 그 기쁨을 누리는 자만이 하나님의 집에서 영원히 살고 싶다는 고백이 나오게 됩니다. 우리 모두가 그런 삶을 살기를 노력해야 합니다.

말씀 2   누가복음 4장 28-30절

예수님을 모르는 사람들은 예수님을 비난합니다. 비난에 머물지 않고 동네에서 쫓아내고 죽이기 위해 낭떠러지로 밀칩니다. 그러나 예수님은 자신을 죽이려는 무리들 사이를 지나 걸어가십니다. 죽이려는 사람들의 분노를 뒤로하고 자신의 길을 걸어가십니다. 우리도 살면서 우리를 비난하고 죽이려는 사람과 무리를 만나게 됩니다. 내 자신이 옳고 그름을 떠나 그들의 판단으로 나를 공격하기도 합니다. 그런 곤경에 처할 때 이길 수 있는 힘을 주님에게서 배우게 됩니다. 그들의 공격을 무서워하지 않고 주님을 바라보면서 그들의 비난을 뒤로할 때 우리는 승리자가 됩니다. 주님 안에서 말입니다.

나눔

....

....

....

....

....

....

PART 2.

___

혼돈 속에서

06 약속

07 시력

08 두려움

09 눈

10 기준

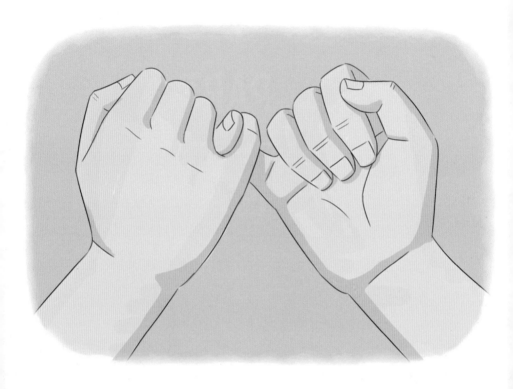

06 약속

이미지 보고 이야기하기

---

1. 당신은 최근 어떤 계약이나 약속을 했습니까?

2. 약속이나 계약이 지켜지지 않아 곤란해 본 경험이 있습니까?

3. 어린 시절 부모님은 당신에게 어떤 약속을 했습니까?

4. 부모님 혹은 가까운 사람이 약속을 지키지 않아 서운해 본 경험이 있습니까?

● 말씀 읽고 선택하기

>> 성경말씀을 읽고 마음에 와 닿는 말씀을 선택한 후, 그 이유를 나누어 보세요.

말씀 1 갈라디아서 3장 15-20절

15 형제들아 내가 사람의 예대로 말하노니 사람의 언약이라도 정한 후에는 아무도 폐하거나 더하거나 하지 못하느니라 16 이 약속들은 아브라함과 그 자손에게 말씀하신 것인데 여럿을 가리켜 그 자손들이라 하지 아니하시고 오직 한 사람을 가리켜 네 자손이라 하셨으니 곧 그리스도라 17 내가 이것을 말하노니 하나님께서 미리 정하신 언약을 사백삼십 년 후에 생긴 율법이 폐기하지 못하고 그 약속을 헛되게 하지 못하리라 18 만일 그 유업이 율법에서 난 것이면 약속에서 난 것이 아니리라 그러나 하나님이 약속으로 말미암아 아브라함에게 주신 것이라 19 그런즉 율법은 무엇이냐 범법하므로 더하여진 것이라 천사들을 통하여 한 중보자의 손으로 베푸신 것인데 약속하신 자손이 오시기까지 있을 것이라 20 그 중보자는 한 편만 위한 자가 아니나 하나님은 한 분이시니라

말씀 2 베드로후서 1장 1-7절

1 예수 그리스도의 종이며 사도인 시몬 베드로는 우리 하나님과 구주 예수 그리스도의 의를 힘입어 동일하게 보배로운 믿음을 우리와 함께 받은 자들에게 편지하노니 2 하나님과 우리 주 예수를 앎으로 은혜와 평강이 너희에게 더욱 많을지어다 3 그의 신기한 능력으로 생명과 경건에 속한 모든 것을 우리에게 주셨으니 이는 자기의 영광과 덕으로써 우리를 부르신 이를 앎으로 말미암음이라 4 이로써 그 보배롭고 지극히 큰 약속을 우리에게 주사 이 약속으로 말미암아 너희가 정욕 때문에 세상에서 썩어질 것을 피하여 신성한 성품에 참여하는 자가 되게 하려 하셨느니라 5 그러므로 너희가 더욱 힘써 너희 믿음에 덕을, 덕에 지식을, 6 지식에 절제를, 절제에 인내를, 인내에 경건을, 7 경건에 형제 우애를, 형제 우애에 사랑을 더하라

● 말씀 나누기

>> 선택한 본문 말씀의 질문에 대하여 나누어 보세요.

Q&A 갈라디아서 3장 15-20절

1. 15절에서는 사람과의 약속도 중요하다고 합니다. 그 약속을 소홀히 여기거나 무시하는 사람은 어떤 사람일까요?

2. 인간도 약속을 중하게 여기는데 하나님의 약속은 과연 얼마나 철저할지 말해 보세요.

3. 사람들은 어떤 약속을 중요하게 여기며 사는지 말해 보세요.

4. 19절에서 율법이 만들어진 이유는 무엇이고 율법의 존재 기간은 언제까지라고 말합니까?

Q&A 베드로후서 1장 1-7절

1. 예수를 앎으로 은혜와 평강이 많아진다고 말합니다. 당신의 경험을 말해 보세요.

2. 3절에서 예수님의 신기한 능력으로 생명과 경건에 속한 모든 것을 우리에게 주셨다고 합니다. 그 능력을 경험한 적이 있는지 말해 보세요.

3. 예수님의 보배로운 약속을 통해 무엇으로부터 여러분 자신을 지키고 싶습니까?

4. 5, 6, 7절에서 말한 덕목 가운데 당신이 가장 필요로 한 부분은 무엇입니까?

● 메시지

말씀 1 　갈라디아서 3장 15-20절

약속은 인간 사회에서 신뢰를 바탕으로 이뤄집니다. 하물며 하나님의 약속은 어떻겠습니까? 인간의 약속은 깨지기도 하고 어긋나기도 합니다. 그러나 하나님의 약속은 어떤 것도 헛되게 흘러진 것이 없고 반드시 약속을 성취하신다고 말씀하십니다. 하나님의 약속의 결정판은 예수 그리스도, 우리의 구원자를 주신다는 것입니다. 그 예수 그리스도를 통해 하나님의 약속을 이루는 것입니다. 그 약속을 파기하지 않고 믿는 자에게는 구원이 있고 그 약속을 파기하고 외면한 자는 구원을 얻지 못한다는 말씀을 우리는 믿고 살아야 합니다.

말씀 2 　베드로후서 1장 1-7절

본문에서는 예수 그리스도를 보배롭고 큰 약속이라고 합니다. 그 약속으로 예수 그리스도를 주신 이유는 은혜와 평강을 이루게 함이라고 합니다. 사람들은 은혜를 세상에서 찾습니다. 평강을 인간적인 방법으로 구합니다. 그러나 그 어느 것도 은혜와 평강이 완전하지 않습니다. 세상의 것은 썩어지고 소멸되기 때문입니다. 그 어느 것도 오랜 세월동안 지속된 것이 없고 그 어떤 제도도 한 시대에만 유행할 뿐입니다. 하나님의 큰 약속, 예수 그리스도의 성품에 참여함으로 우리가 영적으로 성장해야 하는 이유입니다.

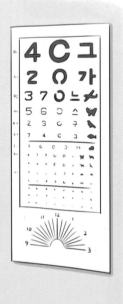

07 시력

이미지 보고 이야기하기

————————————

1 당신의 시력은 몇입니까?

2 당신의 눈은 무엇을 많이 보는 것 같습니까?

3 당신의 시력(통찰력, 투시력)이 좋다면 무엇을 보고 싶습니까?

4 당신은 현재만이 아니라 시공간을 넘어서 볼 수 있다면
보고 싶은 것이 무엇입니까?

● 말씀 읽고 선택하기

>> 성경말씀을 읽고 마음에 와 닿는 말씀을 선택한 후, 그 이유를 나누어 보세요.

말씀 1 · 고린도전서 2장 7-12절

7 오직 은밀한 가운데 있는 하나님의 지혜를 말하는 것으로서 곧 감추어졌던 것인데 하나님이 우리의 영광을 위하여 만세 전에 미리 정하신 것이라 8 이 지혜는 이 세대의 통치자들이 한 사람도 알지 못하였나니 만일 알았더라면 영광의 주를 십자가에 못 박지 아니하였으리라 9 기록된 바 하나님이 자기를 사랑하는 자들을 위하여 예비하신 모든 것은 눈으로 보지 못하고 귀로 듣지 못하고 사람의 마음으로 생각하지도 못하였다 함과 같으니라 10 오직 하나님이 성령으로 이것을 우리에게 보이셨으니 성령은 모든 것 곧 하나님의 깊은 것까지도 통달하시느니라 11 사람의 일을 사람의 속에 있는 영 외에 누가 알리요 이와 같이 하나님의 일도 하나님의 영 외에는 아무도 알지 못하느니라 12 우리가 세상의 영을 받지 아니하고 오직 하나님으로부터 온 영을 받았으니 이는 우리로 하여금 하나님께서 우리에게 은혜로 주신 것들을 알게 하려 하심이라

말씀 2 · 사도행전 28장 26-28절

26 일렀으되 이 백성에게 가서 말하기를 너희가 듣기는 들어도 도무지 깨닫지 못하며 보기는 보아도 도무지 알지 못하는도다 27 이 백성들의 마음이 우둔하여져서 그 귀로는 둔하게 듣고 그 눈은 감았으니 이는 눈으로 보고 귀로 듣고 마음으로 깨달아 돌아오면 내가 고쳐 줄까 함이라 하였으니 28 그런즉 하나님의 이 구원이 이방인에게로 보내어진 줄 알라 그들은 그것을 들으리라 하더라

● 말씀 나누기

>> 선택한 본문 말씀의 질문에 대하여 나누어 보세요.

Q&A 고린도전서 2장 7-12절

1. 8절에서 그 세대의 통치자들이 무엇을 보지 못해서 예수님을 십자가에 못 박았습니까?

2. 하나님은 사랑하는 자들을 위해 성령으로 보통 사람이 보지 못하는 것을 보게 하신다고 말했습니다. 당신은 신앙을 통해 무엇을 보게 되었습니까?

3. 하나님의 뜻과 마음(심정)을 알기 위해 무엇이 필요하다고 생각하십니까?

4. 당신이 보게 된 것을 누구와 함께 나누고 싶습니까?

Q&A 사도행전 28장 26-28절

1. 들어도 깨닫지 못하며 보아도 도무지 알지 못하는 사람은 어떤 사람이라 생각합니까?

2. 27절과 같이 당신의 귀, 눈, 생각 가운데 어떤 부분을 어떻게 고침 받고 싶습니까?

3. 이방인들의 귀, 눈, 생각을 열기 위해 필요한 것은 무엇입니까?

4. 우리가 보고 듣는다는 것과 성경에서 말하는 보고 듣는다는 것의 차이점은 무엇이라고 생각하십니까?

● 메시지

말씀 1 고린도전서 2장 7-12절

우리가 보는 것은 우리의 모든 것이라 할 수 있습니다. 삶에서 보고 자란 것을 통해 자신의 지식과 습관이 형성됩니다. 하나님의 우리에게 주신 것은 보통 사람의 눈에는 보이지 않고 귀에도 들리지 않습니다. 하나님이 주신 것을 보고 들을 수 있는 것은 성령의 힘으로 된다고 말씀하십니다. 사람들은 눈에 보이는 것, 귀에 들리는 것이 전부인 것처럼 살지만 신앙인들은 눈에 보이지 않지만 볼 수 있고 귀에 들리지 않지만 듣게 되는 능력을 갖게 됩니다. 하나님이 주신 능력은 사람들이 보지 못하고 듣지 못하는 것을 보고 듣게 하였습니다. 이 점이 은혜이고 사랑입니다.

말씀 2 사도행전 28장 26-28절

보고 듣는 것은 인간이 가진 가장 기본적인 특권입니다. 신체적 장애로 보지 못하는 사람도 있고 듣지 못하는 사람도 있지만, 일반적으로는 보고 듣는 일은 보편적 행위입니다. 그런데 여기서 주님은 보지 못하는 사람들, 듣지 못하는 사람들을 말합니다. 봐야 할 것을 보지 못하고 듣지 못하는 사람은 얼마나 불행할까요? 여기서 보고 듣는 것은 영적인 것을 의미합니다. 예수님을 보고도 보지 못하는 사람들은 아무 느낌이 없습니다. 예수님이 말씀하셔도 깨닫지 못하는 귀를 가진 사람들입니다. 오히려 이방인들에게 복음이 전해졌을 때 깨닫고 보고 듣게 됩니다. 우리가 예수님을 보고 듣는 것이 은혜라는 것을 깨닫기 바랍니다.

나눔

....

....

....

....

....

....

08 두려움

이미지 보고 이야기하기

---

1 요즘 당신에게 두려움을 느끼게 하는 것은 무엇입니까?

2 그 두려움을 누구와 이야기했습니까?

3 당신의 인생에서 가장 큰 두려움은 무엇이었습니까?

4 그 두려움을 당신은 어떻게 극복했습니까? 극복하지 못했다면 어떤 상태로 지내고 있습니까?

● 말씀 읽고 선택하기

>> 성경말씀을 읽고 마음에 와 닿는 말씀을 선택한 후, 그 이유를 나누어 보세요.

말씀 1   욥기 19장 25-29절

25 내가 알기에는 나의 대속자가 살아 계시니 마침내 그가 땅 위에 서실 것이라 26 내 가죽이 벗김을 당한 뒤에도 내가 육체 밖에서 하나님을 보리라 27 내가 그를 보리니 내 눈으로 그를 보기를 낯선 사람처럼 하지 않을 것이라 내 마음이 초조하구나 28 너희가 만일 이르기를 우리가 그를 어떻게 칠까 하며 또 이르기를 일의 뿌리가 그에게 있다 할진대 29 너희는 칼을 두려워 할지니라 분노는 칼의 형벌을 부르나니 너희가 심판장이 있는 줄을 알게 되리라

말씀 2   마태복음 10장 28-33절

28 몸은 죽여도 영혼은 능히 죽이지 못하는 자들을 두려워하지 말고 오직 몸과 영혼을 능히 지옥에 멸하실 수 있는 이를 두려워하라 29 참새 두 마리가 한 앗사리온에 팔리지 않느냐 그러나 너희 아버지께서 허락하지 아니하시면 그 하나도 땅에 떨어지지 아니하리라 30 너희에게는 머리털까지 다 세신 바 되었나니 31 두려워하지 말라 너희는 많은 참새보다 귀하니라 32 누구든지 사람 앞에서 나를 시인하면 나도 하늘에 계신 내 아버지 앞에서 그를 시인할 것이요 33 누구든지 사람 앞에서 나를 부인하면 나도 하늘에 계신 내 아버지 앞에서 그를 부인하리라

● 말씀 나누기

>> 선택한 본문 말씀의 질문에 대하여 나누어 보세요.

Q&A 욥기 19장 25-29절

1. 26절의 '내 가죽이 벗김을 당한 뒤에도'라는 말이 어떤 느낌인지 어떤 상황인지 말해보세요.

2. 고통과 두려움을 이기기 위해 사람들은 어떤 방법을 사용합니까?

3. 29절은 분노를 말합니다. 분노는 어떤 결과를 가져올까요?

4. 당신이 두려움이나 분노 상황에서 하나님을 찾았던 경험을 말해 보세요.

Q&A 마태복음 10장 28-33절

1. 몸은 죽여도 영혼은 죽이지 못한다는 말을 자기의 언어로 말해 보세요.

2. 본문에는 참새 한 마리도 보호하시고, 머리털도 다 셀 수 있는 능력이 있으신 하나님을 설명하고 있습니다. 그런 하나님의 능력을 보면 어떤 기분과 생각이 듭니까?

3. 사람들이 두려움을 이기기 위해 자주 하는 행동들은 무엇입니까?

4. 인간은 두려울 때 하나님을 찾기도 합니다.
   당신은 어떤 두려움 속에서 하나님을 찾았습니까?

메시지

말씀 1　욥기 19장 25-29절

세상에는 두려운 것이 많습니다. 어릴 때는 귀신도 무섭고, 어른이 되어서는 사람도 두려워집니다. 사고도 두렵고 사건도 두렵습니다. 이런 두려움은 나의 생명과 삶을 해친다고 생각하기 때문에 생깁니다. 사람들의 배신도 두려운 것 중 하나입니다. 욥은 고난을 받았습니다. 육체적 고통은 이루 말할 수 없었습니다. 그런데 친구들은 욥을 향해 벌을 받고 있다고 조롱합니다. 이는 육체적 고통과 마음의 고통을 동반하는 고통입니다. 고통을 앞에 둔 사람은 두렵기 마련입니다. 그러나 욥은 이렇게 고백합니다. 육체가 벗겨져도 육체 밖에서라도 하나님을 본다고 고백합니다. 하나님의 존재를 믿는 사람은 외부적 고통을 두려워하지 않습니다. 그래서 순교도 하고 선교지에서도 두려움 없이 일할 수 있는 것입니다.

말씀 2　마태복음 10장 28-33절

사람들은 몸을 다치고 죽는 것을 가장 두려워합니다. 병에 걸리거나 사고로 죽게 되면 어쩌나 근심하며 삽니다. 미디어에서도 건강의 중요함을 자주 이야기합니다. 사람들이 건강에 대한 두려움이 있음을 알기 때문입니다. 그러나 말씀은 몸은 죽여도 영혼을 죽이지 못하는 사람들을 두려워하지 말라고 합니다. 이는 다시 말하면 영혼을 멸할 수 있는 하나님을 두려워하라는 말이 됩니다. 그 하나님을 시인하고 의지하고 따르면 두려움이 없어집니다. 하나님을 배신하고 하나님을 부인하면 두려움이 생기게 됩니다. 우리 모두가 주님 안에서 두려움 없는 삶을 살기를 기도해야 합니다.

나눔

09 눈

이미지 보고 이야기하기

---

① 눈 덮인 풍경을 언제 보았습니까?

② 눈으로 가려진 더러운 것은 무엇이며 눈이 녹으면 어떤 모습입니까?

③ 당신이 감추기 위해 노력하는 부분은 무엇입니까?
(볼록 나온 배, 얼굴의 흉터, 문신 등)

④ 감춘 것이 드러나게 되면 기분이 어떻게 됩니까?

● 말씀 읽고 선택하기

>> 성경말씀을 읽고 마음에 와 닿는 말씀을 선택한 후, 그 이유를 나누어 보세요.

말씀 1   잠언 28장 12-18절

12 의인이 득의하면 큰 영화가 있고 악인이 일어나면 사람이 숨느니라 13 자기의 죄를 숨기는 자는 형통하지 못하나 죄를 자복하고 버리는 자는 불쌍히 여김을 받으리라 14 항상 경외하는 자는 복되거니와 마음을 완악하게 하는 자는 재앙에 빠지리라 15 가난한 백성을 압제하는 악한 관원은 부르짖는 사자와 주린 곰 같으니라 16 무지한 치리자는 포학을 크게 행하거니와 탐욕을 미워하는 자는 장수하리라 17 사람의 피를 흘린 자는 함정으로 달려갈 것이니 그를 막지 말지니라 18 성실하게 행하는 자는 구원을 받을 것이나 굽은 길로 행하는 자는 곧 넘어지리라

말씀 2   요한복음 1장 19-27절

19 유대인들이 예루살렘에서 제사장들과 레위인들을 요한에게 보내어 네가 누구냐 물을 때에 요한의 증언이 이러하니라 20 요한이 드러내어 말하고 숨기지 아니하니 드러내어 하는 말이 나는 그리스도가 아니라 한대 21 또 묻되 그러면 누구냐 네가 엘리야냐 이르되 나는 아니라 또 묻되 네가 그 선지자냐 대답하되 아니라 22 또 말하되 누구냐 우리를 보낸 이들에게 대답하게 하라 너는 네게 대하여 무엇이라 하느냐 23 이르되 나는 선지자 이사야의 말과 같이 주의 길을 곧게 하라고 광야에서 외치는 자의 소리로라 하니라 24 그들은 바리새인들이 보낸 자라 25 또 물어 이르되 네가 만일 그리스도도 아니요 엘리야도 아니요 그 선지자도 아닐진대 어찌하여 세례를 베푸느냐 26 요한이 대답하되 나는 물로 세례를 베풀거니와 너희 가운데 너희가 알지 못하는 한 사람이 섰으니 27 곧 내 뒤에 오시는 그이라 나는 그의 신발끈을 풀기도 감당하지 못하겠노라 하더라

● 말씀 나누기

>> 선택한 본문 말씀의 질문에 대하여 나누어 보세요.

Q&A 잠언 28장 12-18절

1. 12절 의인과 악인의 비교를 현대적으로 해석해 보세요.

2. 당신은 당신의 부족한 부분 혹은 잘못된 점을 누구에게 말하게 됩니까?

3. 사람들이 자신의 죄 혹은 잘못된 부분을 어떻게 하면 쉽게 나눌 수 있을까요?

4. 교회 공동체 속에서 자기의 죄와 잘못을 고백할 수 있도록 하기 위한 노력은 무엇이 있나요?

Q&A 요한복음 1장 19-27절

1. 요한은 당시 사람들에게 위대한 사람으로 칭송받았습니다. 그런데도 자신은 칭송받을 만한 존재가 아니라고 용기 있게 말하는 힘은 어디서 나왔다고 생각하십니까?

2. 요한이 예수님을 증거하면서 자기는 한없이 낮은 자라고 하는 심정을 묘사해 보세요.

3. 자기를 낮추는 힘은 어디서 온다고 봅니까?

4. 여러분은 자기의 부족한 부분을 시인하고 도움을 요청한 경험이 있는지 말해 보세요.

말씀 1   잠언 28장 12-18절

사람은 자신의 부족한 부분을 감추기 위해 노력합니다. 남에게 보이기 싫은 얼굴의 흉터는 화장을 진하게 칠하거나 머리카락을 길게 늘어뜨려 감추기도 합니다. 배가 나온 사람은 헐렁한 옷으로 배를 감추고 키가 작은 사람은 높은 깔창을 넣어 자신의 키를 감춥니다. 죄와 잘못을 감추는 것도 인간입니다. 자신의 잘못을 시인하기보다 부인하기 바쁩니다. 죄를 인정하기보다 아니라고 항변합니다. 하나님은 자기의 잘못을 시인하면 용서해 주신다고 하십니다. 성실하게 살면 구원을 받는다고 말씀하십니다.

말씀 2   요한복음 1장 19-27절

사람들은 종종 조금 아는 것을 부풀려서 많이 아는 것처럼 말하기도 합니다. 다른 사람의 업적을 자기의 업적처럼 말하기도 합니다. 이런 행위는 자신의 본 모습을 그럴듯하게 감추는 것입니다. 세례요한은 백성들에게 추앙받던 인물입니다. 요단강에서 사람들에게 세례를 주며 회개를 부르짖던 사람입니다. 그러나 사람들이 자신을 추켜세울 때 그는 단호하게 말합니다. 나는 아무것도 아니며 뒤에 오실 예수님이 진짜 능력자이시며 자신은 그 발의 신발끈을 풀수도 없는 자라고 말합니다. 자신의 본 모습을 감추며 사는 인생이 아니라 자신의 부족한 부분을 드러내고 채워주시는 주님께 가는 자는 복 있는 사람입니다.

나눔

10 기준

이미지 보고 이야기하기

_____

1 최근에 본 기사 혹은 뉴스 속에서 화난 것은 무엇입니까?

2 대체로 당신은 어떤 소식이나 뉴스에 분노합니까?

3 당신이 사람이나 사건을 볼 때 어떤 기준으로 보게 됩니까?

4 다른 사람의 입장에서 볼 때 당신은 어떤 기준으로 평가될 것 같습니까?

● 말씀 읽고 선택하기

>> 성경말씀을 읽고 마음에 와 닿는 말씀을 선택한 후, 그 이유를 나누어 보세요.

말씀 1   마태복음 7장 1-8절

1 비판을 받지 아니하려거든 비판하지 말라 2 너희가 비판하는 그 비판으로 너희가 비판을 받을 것이요 너희가 헤아리는 그 헤아림으로 너희가 헤아림을 받을 것이니라 3 어찌하여 형제의 눈 속에 있는 티는 보고 네 눈 속에 있는 들보는 깨닫지 못하느냐 4 보라 네 눈 속에 들보가 있는데 어찌하여 형제에게 말하기를 나로 네 눈 속에 있는 티를 빼게 하라 하겠느냐 5 외식하는 자여 먼저 네 눈 속에서 들보를 빼어라 그 후에야 밝히 보고 형제의 눈 속에서 티를 빼리라 6 거룩한 것을 개에게 주지 말며 너희 진주를 돼지 앞에 던지지 말라 그들이 그것을 발로 밟고 돌이켜 너희를 찢어 상하게 할까 염려하라 7 구하라 그리하면 너희에게 주실 것이요 찾으라 그리하면 찾아낼 것이요 문을 두드리라 그리하면 너희에게 열릴 것이니 8 구하는 이마다 받을 것이요 찾는 이는 찾아낼 것이요 두드리는 이에게는 열릴 것이니라

말씀 2   아모스 7장 4-8절

4 주 여호와께서 또 내게 보이신 것이 이러하니라 주 여호와께서 명령하여 불로 징벌하게 하시니 불이 큰 바다를 삼키고 육지까지 먹으려 하는지라 5 이에 내가 이르되 주 여호와여 청하건대 그치소서 야곱이 미약하오니 어떻게 서리이까 하매 6 주 여호와께서 이에 대하여 뜻을 돌이켜 주 여호와께서 이르시되 이것도 이루지 아니하리라 하시니라 7 또 내게 보이신 것이 이러하니라 다림줄을 가지고 쌓은 담 곁에 주께서 손에 다림줄을 잡고 서셨더니 8 여호와께서 내게 이르시되 아모스야 네가 무엇을 보느냐 내가 대답하되 다림줄이니이다 주께서 이르시되 내가 다림줄을 내 백성 이스라엘 가운데 두고 다시는 용서하지 아니하리니

● 말씀 나누기

>> 선택한 본문 말씀의 질문에 대하여 나누어 보세요.

Q&A 마태복음 7장 1-8절

1. 당신은 대체로 어떤 사람을 비판하고 비난하는지 말해 보세요.

2. 5절에서는 당신의 눈 속의 들보를 빼라고 합니다. 당신에게 들보(잘못된 기준)는 무엇이라고 생각합니까?

3. 당신이 좋은 판단과 기준을 가지기 위해 하나님에게 구할 것은 무엇입니까?

4. 사람들의 잘못된 기준과 판단으로 어떤 희생자가 생겨날 수 있는지 말해 보세요.

Q&A 아모스 7장 4-8절

1. 하나님의 징벌이 어떻게 벌어지는지 설명해 보고, 현대 상황에서 일어나는 일과 비교해 보세요.

2. 7절에서 하나님이 담 곁에 다림줄을 잡고 서셨다고 하십니다. 다림줄은 하나님의 기준이라 할 때 당신은 하나님의 기준을 얼마나 알고 계십니까?

3. 하나님의 기준으로 볼 때 당신을 어떻게 판단하실 것 같습니까?

4. 하나님의 기준이 없다고 생각하는 사람들은 어떤 생각과 행동으로 나아가는지 말해 보세요.

말씀 1 　 마태복음 7장 1-8절

신문이나 뉴스에 난 기사를 보고 사람들은 비판하거나 비난합니다. 이런 사람들의 흥분 상태를 더욱 조장하기 위해 가짜 뉴스도 생겨납니다. 심리적으로 보면 사람들은 자신의 분노를 쏟을 곳이 없기 때문에 그런 뉴스나 기사를 통해 분노를 쏟아낸다고 볼 수도 있습니다. 예수님은 이런 인간의 모습을 아시고 단호히 말씀하십니다. '비판받지 않으려거든 비판하지 말라.', '먼저 자기 자신을 돌아보아라.'라고 외치십니다. 다시 말해 각자의 기준을 가지고 각자의 느낌대로 판단하는 것 자체가 얼마나 가증스러운 일인지를 생각해 보라는 말입니다. 그런 무조건적인 비판보다는 사람이나 사건을 보지 말고 그 속에서 하나님의 시각을 닮기 위해 애쓰고 하나님께 자신의 부족함을 채울 지혜와 영적 성장을 구하라고 말씀하십니다.

말씀 2 　 아모스 7장 4-8절

본문에서는 하나님의 엄격하심과 징벌의 무서움을 말합니다. 다림줄을 가지고 나라들의 잘못을 측정하는 모습을 보여줍니다. 다림줄이란 그 당시 담을 세울 때 바르게 떨어졌는지를 측정하는 도구입니다. 오늘날에도 건축할 때 벽이 올바른지를 측정하는 도구로 사용합니다. 이 다림줄을 가지고 나라를 측정합니다. 그리고 그 다림줄에 맞지 않으면 건축가가 벽을 허물 듯 나라를 허문다고 합니다. 사람도 마찬가지입니다. 그 다림줄에 맞지 않은 자, 하나님의 기준에 맞지 않은 자는 용서하지 않는다는 하나님의 강하고 올바른 성품을 말합니다. 우리는 하나님 기준에 부합되지 않습니다. 그러나 예수 그리스도를 통해 그 기준을 통과하게 되었습니다. 이것이 복음이며 기쁨이 됩니다.

나눔

....

....

....

....

....

....

PART 2.

희망 속에서

11 만남

12 약

13 옷

14 피아노

15 경로당

16 냄새

11 만남

이미지 보고 이야기하기

---

1 어제 당신이 만난 사람은 몇 명입니까?

2 그 사람 가운데 한 사람에 대해 설명해 보세요.

3 당신의 인생 속에서 몇 명의 사람을 만났다고 생각합니까?

4 그 사람 가운데 가장 그리운 사람 혹은 만나보고 싶은 사람은 누구입니까?

● 말씀 읽고 선택하기

>> 성경말씀을 읽고 마음에 와 닿는 말씀을 선택한 후, 그 이유를 나누어 보세요.

말씀 2   요한복음 9장 1-13절

1 예수께서 길을 가실 때에 날 때부터 맹인 된 사람을 보신지라 2 제자들이 물어 이르되 랍비여 이 사람이 맹인으로 난 것이 누구의 죄로 인함이니이까 자기니이까 그의 부모니이까 3 예수께서 대답하시되 이 사람이나 그 부모의 죄로 인한 것이 아니라 그에게서 하나님이 하시는 일을 나타내고자 하심이라 4 때가 아직 낮이매 나를 보내신 이의 일을 우리가 하여야 하리라 밤이 오리니 그 때는 아무도 일할 수 없느니라 5 내가 세상에 있는 동안에는 세상의 빛이로라 6 이 말씀을 하시고 땅에 침을 뱉어 진흙을 이겨 그의 눈에 바르시고 7 이르시되 실로암 못에 가서 씻으라 하시니 (실로암은 번역하면 보냄을 받았다는 뜻이라) 이에 가서 씻고 밝은 눈으로 왔더라 8 이웃 사람들과 전에 그가 걸인인 것을 보았던 사람들이 이르되 이는 앉아서 구걸하던 자가 아니냐 9 어떤 사람은 그 사람이라 하며 어떤 사람은 아니라 그와 비슷하다 하거늘 자기 말은 내가 그라 하니 10 그들이 묻되 그러면 네 눈이 어떻게 떠졌느냐 11 대답하되 예수라 하는 그 사람이 진흙을 이겨 내 눈에 바르고 나더러 실로암에 가서 씻으라 하기에 가서 씻었더니 보게 되었노라 12 그들이 이르되 그가 어디 있느냐 이르되 알지 못하노라 하니라 13 그들이 전에 맹인이었던 사람을 데리고 바리새인들에게 갔더라

말씀 2   마태복음 26장 6-13절

6 예수께서 베다니 나병환자 시몬의 집에 계실 때에 7 한 여자가 매우 귀한 향유 한 옥합을 가지고 나아와서 식사하시는 예수의 머리에 부으니 8 제자들이 보고 분개하여 이르되 무슨 의도로 이것을 허비하느냐 9 이것을 비싼 값에 팔아 가난한 자들에게 줄 수 있었겠도다 하거늘 10 예수께서 아시고 그들에게 이르시되 너희가 어찌하여 이 여자를 괴롭게 하느냐 그가 내게 좋은 일을 하였느니라 11 가난한 자들은 항상 너희와 함께 있거니와 나는 항상 함께 있지 아니하리라 12 이 여자가 내 몸에 이 향유를 부은 것은 내 장례를 위하여 함이니라 13 내가 진실로 너희에게 이르노니 온 천하에 어디서든지 이 복음이 전파되는 곳에서는 이 여자가 행한 일도 말하여 그를 기억하리라 하시니라

● 말씀 나누기

>> 선택한 본문 말씀의 질문에 대하여 나누어 보세요.

Q&A 요한복음 9장 1-13절

1. 맹인으로서 자기 눈을 뜨게 해주는 사람을 만나게 되면 어떤 기분일 것 같습니까?

2. 당신은 맹인이 눈을 뜨듯 놀라운 경험을 한 적이 있습니까?

3. 맹인은 자신의 눈을 뜨게 한 예수님을 평생 잊지 못할 것입니다.
   그런 고마운 사람이 당신에게는 있습니까?

4. 눈을 보지 못하는 사람과 눈이 있어도 불행한 사람의 차이는 무엇입니까?

Q&A 마태복음 26장 6-13절

1. 본문의 내용을 영화로 만든다면 세 장면을 어떻게 구성할 수 있을까요?

2. 향유를 부은 여자의 마음과 생각 그리고 제자들의 마음과 생각을 설명해 보세요.

3. 향유를 부은 여자의 행위는 오래도록 기억된다고 말했습니다.
   그 여자의 무엇이 예수님의 마음에 들었던 것일까요?

4. 당신은 예수님께 향유를 부은 여인의 모습과 제자들의 모습 가운데 어느 쪽에 가깝습니까?

● 메시지

말씀 1   요한복음 9장 1-13절

인생이란 만남의 연속입니다. 좋은 사람을 만나면 좋은 기회가 생겨나고 나쁜 사람을 만나면 나쁜 일이 생길 수 있습니다. 본문에서는 예수님을 만난 맹인의 이야기가 나옵니다. 평생동안 앞을 보지 못하고 살다가 예수님을 통해 눈을 뜨게 됩니다. 보이는 것만이 아니라 예수님의 능력을 보게 됩니다. 세상을 봄과 동시에 세상의 빛 되신 예수님을 보게 됩니다. 우리에게 수많은 만남이 있지만 예수님을 만나게 된 일은 세상의 빛을 보게 된 만남입니다. 이 어찌 다른 만남과 비교할 수 있을까요? 이 만남을 소중하게 여긴 사람은 구원을 받게 됩니다. 이 만남을 소홀히 여기는 사람은 그냥 가치 없는 만남으로 흘려보내게 됩니다. 이 만남을 소중하게 여기는 여러분이 되기를 바랍니다.

말씀 2   마태복음 26장 6-13절

한 여자가 예수님께 향유 옥합을 가지고 나와서 예수님의 머리에 붓습니다. 이 행위가 어떻게 보이십니까? 예수님을 만나고 제자가 된 사람도 있습니다. 예수님을 만나고 기사와 이적을 본 사람도 있습니다. 그런데 이 여자의 행위를 통해서 예수님과 만남의 중요성을 판가름할 말들이 나옵니다. 어떤 사람은 이 여인의 향유를 세상의 돈의 가치로 판단합니다. 또는 가난한 사람에게 주어 선행을 할 수 있는 방법을 말하기도 합니다. 이것은 만남의 가치를 보지 못하고 세상의 기준으로 예수님의 존재를 평가절하한 것입니다. 다시 말해 예수님과의 만남 자체를 세상의 이득으로 봤다는 것을 뜻합니다. 그러나 여인은 자신의 중요한 옥합을 깨뜨리면서 예수님의 만남이 자기 자신에게 얼마나 중요한지를 증명합니다. 만남은 이처럼 소중하게 생각한 사람에게 더 빛이 나게 됩니다.

나눔

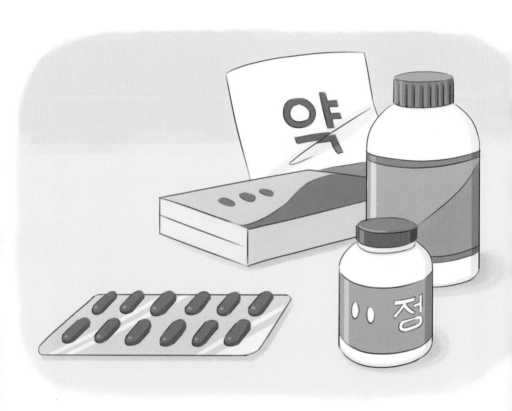

12 약

이미지 보고 이야기하기

---

① 당신의 집에는 어떤 약이 있습니까?

② 항상 먹는 약과 가끔 먹는 약, 그리고 먹지 않은 약을 말해 보세요.

③ 당신 주변에 꼭 필요한 인간관계, 가끔 필요한 인간관계,
필요 없는 인간관계를 말해 보세요.

④ 당신의 삶 속에 다시 연결하고 싶은 관계는 누구 혹은 어떤 사람입니까?

● 말씀 읽고 선택하기

>> 성경말씀을 읽고 마음에 와 닿는 말씀을 선택한 후, 그 이유를 나누어 보세요.

말씀 2 **사도행전 8장 13-24절**

13 시몬도 믿고 세례를 받은 후에 전심으로 빌립을 따라다니며 그 나타나는 표적과 큰 능력을 보고 놀라니라 14 예루살렘에 있는 사도들이 사마리아도 하나님의 말씀을 받았다 함을 듣고 베드로와 요한을 보내매 15 그들이 내려가서 그들을 위하여 성령 받기를 기도하니 16 이는 아직 한 사람에게도 성령 내리신 일이 없고 오직 주 예수의 이름으로 세례만 받을 뿐이더라 17 이에 두 사도가 그들에게 안수하매 성령을 받는지라 18 시몬이 사도들의 안수로 성령 받는 것을 보고 돈을 드려 19 이르되 이 권능을 내게도 주어 누구든지 내가 안수하는 사람은 성령을 받게 하여 주소서 하니 20 베드로가 이르되 네가 하나님의 선물을 돈 주고 살 줄로 생각하였으니 네 은과 네가 함께 망할지어다 21 하나님 앞에서 네 마음이 바르지 못하니 이 도에는 네가 관계도 없고 분깃 될 것도 없느니라 22 그러므로 너의 이 악함을 회개하고 주께 기도하라 혹 마음에 품은 것을 사하여 주시리라 23 내가 보니 너는 악독이 가득하며 불의에 매인 바 되었도다 24 시몬이 대답하여 이르되 나를 위하여 주께 기도하여 말한 것이 하나도 내게 임하지 않게 하소서 하니라

말씀 2 **욥기 21장 16-22절**

16 그러나 그들의 행복이 그들의 손 안에 있지 아니하니 악인의 계획은 나에게서 멀구나 17 악인의 등불이 꺼짐과 재앙이 그들에게 닥침과 하나님이 진노하사 그들을 곤고하게 하심이 몇 번인가 18 그들이 바람 앞에 검불 같이, 폭풍에 날려가는 겨 같이 되었도다 19 하나님은 그의 죄악을 그의 자손들을 위하여 쌓아 두시며 그에게 갚으실 것을 알게 하시기를 원하노라 20 자기의 멸망을 자기의 눈으로 보게 하며 전능자의 진노를 마시게 할 것이니라 21 그의 달 수가 다하면 자기 집에 대하여 무슨 관계가 있겠느냐 22 그러나 하나님께서는 높은 자들을 심판하시나니 누가 능히 하나님께 지식을 가르치겠느냐

● 말씀 나누기

>> 선택한 본문 말씀의 질문에 대하여 나누어 보세요.

Q&A 사도행전 8장 13-24절

1. 베드로와 요한이 기도함으로 사마리아인들은 성령을 받게 됩니다.
   이후 베드로와 요한의 관계는 어떻게 되었을까요?

2. 성령을 믿음과 기도로 구하지 아니하고 돈으로 사려는 시몬의 생각과 마음은 무엇이었
   는지 설명해 보세요.

3. 오늘날 신앙인들과 시몬의 유사점을 말해보세요.

4. 당신은 하나님과의 관계를 위해 어떤 노력을 하고 계십니까?

Q&A 욥기 21장 16-22절

1. 악인이 하나님과 멀어질 수밖에 없는 이유는 무엇입니까?

2. 악인이 하나님과 멀어짐으로 당하는 고통은 무엇입니까?

3. 사람이 망하면 어떤 관계가 끊어지게 되는지 설명해 보세요.

4. 당신이 중요하게 생각하는 관계들의 기한은 언제까지일까요?

● 메시지

말씀 1   사도행전 8장 13-24절

병 고침 같은 기적과 축복은 처음 신앙을 가질 때 중요한 상징이 됩니다. 그런데 기적을 너무 중요하게 생각하면 기적 때문에 믿는 신앙이 됩니다. 성령을 받는 것도 표적을 위해 받는다면 성령은 도구가 될 뿐입니다. 본문에는 제자들의 능력을 돈으로 사려는 시몬이라는 사람이 나옵니다. 효과가 좋으니까 당연히 그런 마음이 생길 수 있습니다. 본질을 보지 못하고 신기한 능력과 표적만 보고 따르는 사람은 신앙이 없는 사람입니다. 이를 악한 마음과 불의한 마음이라 할 수 있습니다. 우리는 이런 사람이 되면 안 됩니다. 이런 사람과 관계를 지속하면 나 자신도 영향을 받을까 조심해야 합니다.

말씀 2   욥기 21장 16-22절

하나님은 자신의 자녀들에게 악이 침범하지 못하도록 막아주십니다. 악인이 번성하지 못하도록 불을 꺼버리셨습니다. 악인의 징벌이 자손까지 이어진다고도 하셨습니다. 우리는 하나님의 약속을 믿지만 우리 자신도 조심해야 합니다. 악에 물들지 않도록 조심해야 하며 내가 악한 행위를 하고 있지 않은지 돌아봐야 합니다. 나에게 해를 입히는 악한 존재와 거리두기, 관계 끊기와 더불어 하나님의 시각과 지혜를 배워야 할 때입니다.

나눔

13 옷

이미지 보고 이야기하기

_____

1 당신은 몇 벌의 옷을 가지고 있습니까?

2 그 가운데 맘에 드는 옷은 몇 벌입니까?

3 잘 입지도 않는 옷을 가지고 있는 이유는 무엇입니까?

4 버리지 못하고 가지고 있는 옷처럼 버려야 하는데 버리지 못하는
당신의 습관과 행동은 무엇입니까?

● 말씀 읽고 선택하기

>> 성경말씀을 읽고 마음에 와 닿는 말씀을 선택한 후, 그 이유를 나누어 보세요.

말씀 1 　시편 11편 1-7절

1 내가 여호와께 피하였거늘 너희가 내 영혼에게 새 같이 네 산으로 도망하라 함은 어찌함인가 2 악인이 활을 당기고 화살을 시위에 먹임이여 마음이 바른 자를 어두운 데서 쏘려 하는도다 3 터가 무너지면 의인이 무엇을 하랴 4 여호와께서는 그의 성전에 계시고 여호와의 보좌는 하늘에 있음이여 그의 눈이 인생을 통촉하시고 그의 안목이 그들을 감찰하시도다 5 여호와는 의인을 감찰하시고 악인과 폭력을 좋아하는 자를 마음에 미워하시도다 6 악인에게 그물을 던지시리니 불과 유황과 태우는 바람이 그들의 잔의 소득이 되리로다 7 여호와는 의로우사 의로운 일을 좋아하시나니 정직한 자는 그의 얼굴을 뵈오리로다

말씀 2 　사도행전 6장 8-15절

8 스데반이 은혜와 권능이 충만하여 큰 기사와 표적을 민간에 행하니 9 이른 바 자유민들 즉 구레네인, 알렉산드리아인, 길리기아와 아시아에서 온 사람들의 회당에서 어떤 자들이 일어나 스데반과 더불어 논쟁할새 10 스데반이 지혜와 성령으로 말함을 그들이 능히 당하지 못하여 11 사람들을 매수하여 말하게 하되 이 사람이 모세와 하나님을 모독하는 말을 하는 것을 우리가 들었노라 하게 하고 12 백성과 장로와 서기관들을 충동시켜 와서 잡아가지고 공회에 이르러 13 거짓 증인들을 세우니 이르되 이 사람이 이 거룩한 곳과 율법을 거슬러 말하기를 마지 아니하는도다 14 그의 말에 이 나사렛 예수가 이 곳을 헐고 또 모세가 우리에게 전하여 준 규례를 고치겠다 함을 우리가 들었노라 하거늘 15 공회 중에 앉은 사람들이 다 스데반을 주목하여 보니 그 얼굴이 천사의 얼굴과 같더라

● 말씀 나누기

>> 선택한 본문 말씀의 질문에 대하여 나누어 보세요.

Q&A 시편 11편 1-7절

1. 여호와를 도피처로 삼은 사람과 도피처가 없는 사람의 차이점은 무엇입니까?

2. 악인이 화살로 마음이 바른 자를 쏘려 하는 노력은 어두움 속에서 화살을 당김과 같다는
   말은 어떤 의미인지 나름대로 해석해 보세요.

3. 여호와께서 인생을 통촉, 감찰, 지켜봐 주시는 것을 기뻐하는 사람과 그의 시선을 싫어하
   는 사람의 차이는 무엇입니까?

4. 여호와는 의롭다 하십니다. 그 의로운 얼굴을 바라보기 위한 노력은 무엇입니까?

Q&A 사도행전 6장 8-15절

1. 스데반은 은혜와 권능이 충만하다고 합니다. 그의 표정은 어떠했을까요?

2. 스데반이 하지도 않은 말을 했다고 거짓말을 하도록 시키는 이유는 무엇일까요?

3. 당신도 당신이 하지 않은 말, 하지 않은 행동을 했다는 말을 들어 본 경우가 있습니까?
   그때 심정과 표정은 어떠했나요?

4. 스데반은 끝까지 그 얼굴이 천사의 얼굴처럼 평온했다고 말합니다. 온화한 표정을 유지
   하기 위한 노력은 무엇이 있을까요?

● 메시지

말씀 1   시편 11편 1-7절

내가 선을 행하고 하나님을 따르는데도 나쁜 일을 당하기도 하고 악한 사람이 나를 힘들게 하기도 합니다. 괴롭힘을 당할 때의 고통만 생각하다가 객관적 사고를 잃어버립니다. 그런데 나를 힘들게 하는 사람의 힘과 영향력을 곰곰이 생각해 보면 그 사람이 나를 24시간 계속해서 괴롭히지는 못합니다. 365일을 지속적으로 괴롭히지는 않습니다. 한 번의 괴롭힘, 혹은 매일 한 번씩의 괴롭힘이 나의 몸과 영혼을 지치게 만듭니다. 힘들면 우리의 얼굴은 잿빛이 됩니다. 괴롭힘은 한 번이지만 강도와 지속력 때문에 우리는 더 고통을 느끼게 되며 그 얼굴은 어둡게 됩니다. 말씀은 우리에게 하나님을 생각하고 하나님을 보기를 노력하라고 합니다. 고통을 당하더라도 하나님을 보는 시간에는 나의 얼굴이 밝을 수 있습니다. 잠시 후 또 고통이 시작되더라도 하나님께 다가가는 나의 정직하고 솔직한 얼굴은 나의 고통을 멸하고 하나님의 은혜를 힘입을 수 있는 자세가 됩니다.

말씀 2   사도행전 6장 8-15절

스데반은 마지막까지 천사의 얼굴과 같다고 하였습니다. 스데반은 고통이 없었습니까? 스데반을 쓰러뜨리기 위해 사람들은 말로 시비를 걸었습니다. 비난하였습니다. 거짓으로 송사하였습니다. 그러나 스데반은 흔들리지 않았습니다. 스데반이 말하는 것은 성령과 지혜로움으로 했으며 그의 얼굴은 천사와 같았다고 말합니다. 마찬가지로 표정과 행동도 사람들이 더 이상 공격할 수 없는 품위를 가졌다고 볼 수 있습니다. 우리가 옷을 바꾸고 향수를 뿌릴 수 있습니다. 그러나 말과 표정과 행동이 아름답고 건강하지 않으면 옷과 향수가 우리를 보호해 주지 않습니다. 성령을 받아 말하고 행동할 때의 표정은 천사와 같은 모습일 수 있습니다.

나눔

14 피아노

이미지 보고 이야기하기

---

1 당신 주변에 피아노가 있는 장소는 어디인가요?

2 피아노로 들었던 음악 가운데 기억나는 곡은 무엇인가요?

3 당신이 피아노 연주를 할 수 있다면 어떤 곡을 연주하고 싶나요?
(발라드, 트로트, 동요, 클래식, 재즈,...)

4 당신의 그 피아노 연주를 어떤 사람이 들었으면 좋겠나요?

● 말씀 읽고 선택하기

>> 성경말씀을 읽고 마음에 와 닿는 말씀을 선택한 후, 그 이유를 나누어 보세요.

말씀 2 **이사야 28장 22-29절**

22 그러므로 너희는 오만한 자가 되지 말라 너희 결박이 단단해질까 하노라 대저 온 땅을 멸망시키기로 작정하신 것을 내가 만군의 주 여호와께로부터 들었느니라 23 너희는 귀를 기울여 내 목소리를 들으라 자세히 내 말을 들으라 24 파종하려고 가는 자가 어찌 쉬지 않고 갈기만 하겠느냐 자기 땅을 개간하며 고르게만 하겠느냐 25 지면을 이미 평평히 하였으면 소회향을 뿌리며 대회향을 뿌리며 소맥을 줄줄이 심으며 대맥을 정한 곳에 심으며 귀리를 그 가에 심지 아니하겠느냐 26 이는 그의 하나님이 그에게 적당한 방법을 보이사 가르치셨음이며 27 소회향은 도리깨로 떨지 아니하며 대회향에는 수레 바퀴를 굴리지 아니하고 소회향은 작대기로 떨고 대회향은 막대기로 떨며 28 곡식은 부수는가, 아니라 늘 떨기만 하지 아니하고 그것에 수레바퀴를 굴리고 그것을 말굽으로 밟게 할지라도 부수지는 아니하나니 29 이도 만군의 여호와께로부터 난 것이라 그의 경영은 기묘하며 지혜는 광대하니라

말씀 2 **마가복음 4장 3-9절**

3 들으라 씨를 뿌리는 자가 뿌리러 나가서 4 뿌릴새 더러는 길 가에 떨어지매 새들이 와서 먹어 버렸고 5 더러는 흙이 얕은 돌밭에 떨어지매 흙이 깊지 아니하므로 곧 싹이 나오나 6 해가 돋은 후에 타서 뿌리가 없으므로 말랐고 7 더러는 가시떨기에 떨어지매 가시가 자라 기운을 막으므로 결실하지 못하였고 8 더러는 좋은 땅에 떨어지매 자라 무성하여 결실하였으니 삼십 배나 육십 배나 백 배가 되었느니라 하시고 9 또 이르시되 들을 귀 있는 자는 들으라 하시니라

● 말씀 나누기

>> 선택한 본문 말씀의 질문에 대하여 나누어 보세요.

Q&A   이사야 28장 22-29절

1. 본문에서 나오는 오만한 자의 마음은 어떤 상태인지 상상해 보세요.

2. 25절에서 땅을 고르게 하고 평평히 한 다음 소회향, 대회향을 뿌리며 소맥을 심고 대맥을
   심는다는 표현을 우리 마음에 비교하여 설명해 보세요.
   *소회향, 대회향, 소맥, 대맥은 곡류씨앗의 종류

3. 하나님이 우리 마음을 경작하시는 방법은 기묘하고 지혜는 관대하다고 말합니다. 자기 경험
   이나 생각을 통해 하나님의 방법이 신기한 점을 말해 보세요.

4. 당신의 마음을 하나님이 경작하신다면 어떤 향기로운 채소, 과일, 나무가 심어지기를 원하십니까?

Q&A   마가복음 4장 3-9절

1. 씨가 길가에서 새들이 먹어 버린 상태, 싹이 나오다가 뿌리가 타버린 상태, 가시떨기에서
   성장하지 못하는 상태들을 사람의 성장으로 보고 하나씩 설명해 보세요.

2. 당신은 어떤 상태의 씨로서 성장하고 있습니까?

3. 좋은 땅에서 무성한 결실을 맺은 듯 보이는 사람을 예를 들어 설명해 보세요.

4. 이 말씀을 귀 있는 자는 들으라 하십니다. 여기에서 말하는 '귀'는 무엇을 의미합니까?

● 메시지

말씀 1 이사야 28장 22-29절

사람들은 좋은 음악에 반응합니다. 길을 가다가도 좋은 선율이 나오면 본능적으로 걸음을 멈추고 귀를 기울입니다. 화려한 불꽃놀이가 밤하늘을 수놓으면 눈길은 밤하늘로 향하고 기뻐합니다. 이게 인간입니다. 그러나 하나님의 목소리는 듣지 못합니다. 들으라고 외치는데도 듣지 못합니다. 또한 하나님은 때에 따라 만물을 심고 자라게 하신다고 합니다. 그러나 보는 사람이 없습니다. 보여주고 들려주는데도 보지 못하고 듣지 못하는 것은 누구의 책임입니까? 하나님이 세상을 경영하고 자연을 아름답게 만드는 놀라운 능력을 알지 못하는 것은 불행한 일이 아닐까요?

말씀 2 마가복음 4장 3-9절

씨를 뿌리면 식물이 자란다는 것을 알지만, 그 과정을 잘 알지는 못합니다. 씨 하나하나를 세심하게 살펴보아야 어떤 땅에 뿌려져 어떻게 자라는지 그 과정을 볼 수 있습니다. 좋은 교육과 가르침도 어떤 사람이 받느냐에 따라 결과가 다르게 나타납니다. 예수님의 말씀도 많은 사람들이 들었습니다. 그러나 어떤 사람은 여러 성인들의 가르침 가운데 하나로만 들었습니다. 그 사람에게는 예수님의 말씀이란 책 속의 한 줄 정도의 가치에 지나지 않습니다. 또는 예수님의 말씀보다는 좋은 음악, 좋은 노래가 더 매력적으로 들릴 것입니다. 그런 사람들에게는 예수님의 말씀이 뿌리내리지 않습니다. 예수님의 말씀을 들을 수 있는 사람들, 그 말씀이 마음 밭에 심기어져 결실을 맺을 수 있는 사람들은 놀라운 영향력으로 사회와 역사를 바꾸게 됩니다.

나눔

15. 경로당

이미지 보고 이야기하기

---

1 당신은 경로당에 가 본 경험이 있나요?

2 경로당에 계신 노인들의 젊은 시절을 떠올려 본 적이 있나요?

3 당신은 어떻게 노년을 보내고 싶나요?

4 당신의 노년은 어떤 사람과 보내면 즐겁게 보낼까요?

● 말씀 읽고 선택하기

>> 성경말씀을 읽고 마음에 와 닿는 말씀을 선택한 후, 그 이유를 나누어 보세요.

말씀 1 시편 92편 11-15절

11 내 원수들이 보응 받는 것을 내 눈으로 보며 일어나 나를 치는 행악자들이 보응 받는 것을 내 귀로 들었도다 12 의인은 종려나무 같이 번성하며 레바논의 백향목 같이 성장하리로다 13 이는 여호와의 집에 심겼음이여 우리 하나님의 뜰 안에서 번성하리로다 14 그는 늙어도 여전히 결실하며 진액이 풍족하고 빛이 청청하니 15 여호와의 정직하심과 나의 바위 되심과 그에게는 불의가 없음이 선포되리로다

말씀 2 요한복음 21장 16-20절

16 또 두 번째 이르시되 요한의 아들 시몬아 네가 나를 사랑하느냐 하시니 이르되 주님 그러하나이다 내가 주님을 사랑하는 줄 주님께서 아시나이다 이르시되 내 양을 치라 하시고 17 세 번째 이르시되 요한의 아들 시몬아 네가 나를 사랑하느냐 하시니 주께서 세 번째 네가 나를 사랑하느냐 하시므로 베드로가 근심하여 이르되 주님 모든 것을 아시오매 내가 주님을 사랑하는 줄을 주님께서 아시나이다 예수께서 이르시되 내 양을 먹이라 18 내가 진실로 진실로 네게 이르노니 네가 젊어서는 스스로 띠 띠고 원하는 곳으로 다녔거니와 늙어서는 네 팔을 벌리리니 남이 네게 띠 띠우고 원하지 아니하는 곳으로 데려가리라 19 이 말씀을 하심은 베드로가 어떠한 죽음으로 하나님께 영광을 돌릴 것을 가리키심이러라 이 말씀을 하시고 베드로에게 이르시되 나를 따르라 하시니 20 베드로가 돌이켜 예수께서 사랑하시는 그 제자가 따르는 것을 보니 그는 만찬석에서 예수의 품에 의지하여 주님 주님을 파는 자가 누구오니이까 묻던 자더라

● 말씀 나누기

>> 선택한 본문 말씀의 질문에 대하여 나누어 보세요.

Q&A 시편 92편 11-15절

1. 영화나 드라마에서 악당이 망하는 장면(권선징악)을 말해 보세요.

2. 의인은 번성하고 성장한다고 합니다. 이 말을 믿기가 힘든 이유가 무엇입니까?

3. 당신은 나이가 들어도 어떤 결실 혹은 어떤 영향력을 미치는 사람이 되기를 원하십니까?

4. 당신이 노년까지 하나님이 바위처럼 의지가 되기 위해서는 무엇이 필요합니까?

Q&A 요한복음 21장 16-20절

1. 예수님이 베드로에게 물어보시듯 당신에게도 "네가 나를 사랑하느냐?"라고 물으시면 어떤
   대답을 할 것 같습니까?

2. 예수님은 베드로에게 "내 양을 먹이라"라고 말씀하십니다. 당신에게도 "내 양을 먹이라"
   라는 말을 한다면 그 말의 의미는 무엇입니까?

3. 18절, 늙어서는 남이 네게 띠 띠우고 원하지 않은 곳을 데려간다는 말은 베드로의
   마지막을 의미하기도 하며 노년의 인생의 모습을 말하기도 합니다. 노년을 표현한
   이 구절을 당신이 상상한대로 설명해 보세요.

4. 여러분이 신앙 안에서 노년이 즐겁기 위해 어떤 노력을 해야 하는지 말해 보세요.

● 메시지

말씀 1   시편 92편 11-15절

사람들은 나이가 드는 것을 두려워합니다. 노후가 두려워 돈을 모으고, 죽음이 두려워 건강을 염려합니다. 그러나 인간은 모두 늙고 병들고 죽습니다. 나이가 들면 병이 들 뿐만 아니라 걱정도 많아집니다. 아는 것이 많을수록 보이는 것을 삐딱하게 보게 됩니다. 하지만 말씀을 기준으로 사는 사람은 늙어도 말씀이 자신을 건강하게 만들게 됩니다. 말씀이 영혼을 건강하게 하는 이유는 자기 인생 속에서 하나님의 역사하심을 보았기 때문입니다. 세상에 대해 의심과 의혹이 없어지며 하나님의 섭리 속에서 인간과 세상이 돌아가는 것을 고백하게 됩니다. 결국 하나님이 자신의 기둥이며 굳건한 바위 되심을 고백하게 됩니다.

말씀 2   요한복음 21장 16-20절

시몬 베드로에게 예수님이 하신 마지막 말씀은 자신을 사랑하느냐에 대한 고백과 내 양을 먹이라는 명령입니다. 더불어 베드로가 나이가 들어 타인에게 끌려가서 죽임을 당할 것을 예언하십니다. 당시에는 예수님의 말씀의 뜻을 몰랐을 것입니다. 그러나 성경의 기자는 예수님의 죽음을 보면서 예수님의 말씀의 의미를 적고 있습니다. 우리도 나이가 들면 혼자 마음대로 다니지 못하고 자녀들이나 타인의 도움을 받아야만 하듯이 자신의 힘을 쓰지 못하고 끌려다닐 때가 옵니다. 그러나 그런 순간에도 예수님을 향한 신앙으로 사느냐 아니면 목적 없이 늙음으로 생명력 없이 끌려다니느냐는 자신의 믿음과 의지에 달려 있습니다. 우리의 늙음은 생명 원칙에 의한 것이나 어떤 늙음을 맞이하는가는 우리의 믿음에 달려 있습니다.

나눔

16. 냄새

이미지 보고 이야기하기

---

1 당신은 어제 혹은 최근에 어떤 냄새나 향기를 맡아보았습니까?

2 어떤 냄새나 향기를 맡으면 기분이 좋아집니까?

3 어릴 때 당신은 어떤 냄새나 향기를 좋아했습니까?

4 당신에게 좋은 냄새나 향기를 주었던 사람은 누구입니까?

● 말씀 읽고 선택하기

>> 성경말씀을 읽고 마음에 와 닿는 말씀을 선택한 후, 그 이유를 나누어 보세요.

말씀 2   요한복음 11장 32-44절

32 마리아가 예수 계신 곳에 가서 뵈옵고 그 발 앞에 엎드리어 이르되 주께서 여기 계셨더라면 내 오라버니가 죽지 아니하였겠나이다 하더라 33 예수께서 그가 우는 것과 또 함께 온 유대인들이 우는 것을 보시고 심령에 비통히 여기시고 불쌍히 여기사 34 이르시되 그를 어디 두었느냐 이르되 주여 와서 보옵소서 하니 35 예수께서 눈물을 흘리시더라 36 이에 유대인들이 말하되 보라 그를 얼마나 사랑하셨는가 하며 37 그 중 어떤 이는 말하되 맹인의 눈을 뜨게 한 이 사람이 그 사람은 죽지 않게 할 수 없었더냐 하더라 38 이에 예수께서 다시 속으로 비통히 여기시며 무덤에 가시니 무덤이 굴이라 돌로 막았거늘 39 예수께서 이르시되 돌을 옮겨 놓으라 하시니 그 죽은 자의 누이 마르다가 이르되 주여 죽은 지가 나흘이 되었으매 벌써 냄새가 나나이다 40 예수께서 이르시되 내 말이 네가 믿으면 하나님의 영광을 보리라 하지 아니하였느냐 하시니 41 돌을 옮겨 놓으니 예수께서 눈을 들어 우러러 보시고 이르시되 아버지여 내 말을 들으신 것을 감사하나이다 42 항상 내 말을 들으시는 줄을 내가 알았나이다 그러나 이 말씀 하옵는 것은 둘러선 무리를 위함이니 곧 아버지께서 나를 보내신 것을 그들로 믿게 하려 함이니이다 43 이 말씀을 하시고 큰 소리로 나사로야 나오라 부르시니 44 죽은 자가 수족을 베로 동인 채로 나오는데

말씀 2   시편 115편 1-8절

1 여호와여 영광을 우리에게 돌리지 마옵소서 우리에게 돌리지 마옵소서 오직 주는 인자하시고 진실하시므로 주의 이름에만 영광을 돌리소서 2 어찌하여 뭇 나라가 그들의 하나님이 이제 어디 있느냐 말하게 하리이까 3 오직 우리 하나님은 하늘에 계셔서 원하시는 모든 것을 행하셨나이다 4 그들의 우상들은 은과 금이요 사람이 손으로 만든 것이라 5 입이 있어도 말하지 못하며 눈이 있어도 보지 못하며 6 귀가 있어도 듣지 못하며 코가 있어도 냄새 맡지 못하며 7 손이 있어도 만지지 못하며 발이 있어도 걷지 못하며 목구멍이 있어도 작은 소리조차 내지 못하느니라 8 우상들을 만드는 자들과 그것을 의지하는 자들이 다 그와 같으리로다

말씀 나누기

>> 선택한 본문 말씀의 질문에 대하여 나누어 보세요.

Q&A 요한복음 11장 32-44절

1. 마르다는 오빠 나사로가 확실하게 죽었음을 냄새로 설명합니다. 그 냄새는 과연 어떤 냄새일지 상상력을 동원해서 설명해 보세요.

2. 살아 있어도 좋은 냄새를 풍기지 못하는 사람은 어떤 사람일까요?

3. 당신은 다른 사람에게 어떤 향기를 주는 사람인지 설명해 보세요.

4. 당신 주변에 좋은 향기 혹은 좋은 영향력을 내는 사람에 대해 설명해 주세요.

Q&A 시편 115편 1-8절

1. 사람들의 우상은 어떤 것이며 오늘날 무엇을 말한다고 생각하십니까?

2. 입이 있어도 말하지 못하는 사람들, 귀가 있어도 듣지 못하는 사람들, 코가 있어도 냄새 맡지 못하는 사람들을 예를 들어 설명해 보세요.

3. 당신의 입, 눈, 귀, 손, 발, 목구멍 가운데 제 기능을 하지 못하는 부분은 무엇이며 왜 그렇게 생각하십니까?

4. 현대인들은 물질문명의 발달 속에서 살고 있습니다. 반면 제 기능을 하지 못하는 부분은 무엇이며 왜 그러하다고 생각하십니까?

● 메시지

말씀 1 **요한복음 11장 32-44절**

사람은 소리와 냄새에 민감합니다. 그 가운데 죽은 시체에서 나는 냄새는 그 어떤 썩은 것들 가운데서도 지독합니다. 시체를 다루는 사람은 오래전부터 특별한 사람들이었습니다. 지독한 냄새를 견디면서 일하기 때문입니다. 그런데 냄새가 지독한 사람이 있습니다. 사람에게서는 인간다운 냄새가 나야 하는데 짐승의 냄새나 썩는 냄새가 난다고 말하는 것은 인간다움을 잃어버렸기 때문입니다. 예수님은 나사로를 시체에서 인간으로 다시 살리신 분입니다. 시체 썩는 냄새에서 인간의 향기가 나는 사람으로 만드셨습니다. 우리 가운데 인간의 모습을 하고 있지만 아름다운 향기를 잃어버린 사람이 있습니다, 주님이 그런 사람을 만나면 영혼을 살리십니다. 아름다운 향기의 사람으로 고쳐 주십니다.

말씀 2 **시편 115편 1-8절**

우상은 신의 형상을 상상해서 만듭니다. 그러나 아무리 좋은 형상을 만들어도 하나님이 창조하신 인간이 하나님을 만들 수는 없습니다. 사람들은 그 사실을 망각하고 돌과 금으로 신의 형상을 만들고 나서 능력이 있다고 믿습니다. 컴퓨터를 만들고 로봇을 만들면서 우리가 하나님보다 더 큰 존재라고 믿고 있습니다. 제도를 만들고 무기를 만들며 크다고 생각합니다. 결국은 그 오만함이 다른 사람을 죽이는 무기가 되고 제도가 되어 버립니다. 인간의 어리석음으로 나타나는 결과입니다. 하나님은 온전한 인격체이십니다. 그분은 우리가 보는 것을 보고 우리가 맡는 냄새를 맡으십니다. 그래서 인격적인 하나님만이 우리의 영광을 받으실 분이십니다.

나눔

액션 바이블
Action Bible

01 세족식

02 세례식

03 성찬식

01 세족식

세족식을 위한 액션메소드

1 사람들은 둘러앉는다.

2 인도자가 메시지를 통해 세족식의 의미를 설명한다.

"예수님은 세족식과 성만찬을 통해 예수님의 사역을 전달하셨습니다. 예수님 시대에는 중동지역의 모래 바람으로 더러워진 발을 씻는 것은 오래된 풍습이었습니다. 만찬은 밖에서 돌아온 사람들이 둘러앉아 떡을 먹는 익숙한 생활이었습니다. 이 두 가지의 일상적 행위를 통해 예수님은 자신의 사역의미를 제자들에게 전달하신 것입니다. 오늘 우리가 세족식을 해 봄으로 그 의미와 예수님의 가르침의 깊이를 체험하도록 하겠습니다."

3 검은 크레파스(검은 가루, 숯)로 칠해진 전지 위를 걷게 한다.

4 시커먼 발을 내려다보게 한다.

5 묵상 질문
- 당신의 그 더러운 발을 누가 봅니까?
- 당신의 그 더러운 발을 누가 씻어주었습니까?
- 당신의 그 더러운 발을 누가 씻어야 합니까?

6 더러운 발을 다른 사람이 씻어준다.

주님 친히 허리를 숙여서 우리의 발을 씻어 주셨습니다.
주님 친히 우리의 죄를 씻어 주셨습니다.
주님 우리도 주님의 모습을 닮고 싶습니다.

● 말씀 읽기

>>성경 말씀을 읽고 와닿는 단어나 문장을 선택한 후 그 이유를 설명해보세요.

요한복음 13장 1-5절 (중략) 12-15절

1 유월절 전에 예수께서 자기가 세상을 떠나 아버지께로 돌아가실 때가 이른 줄 아시고 세상에 있는 자기 사람들을 사랑하시되 끝까지 사랑하시니라 2 마귀가 벌써 시몬의 아들 가룟 유다의 마음에 예수를 팔려는 생각을 넣었더라 3 저녁 먹는 중 예수는 아버지께서 모든 것을 자기 손에 맡기신 것과 또 자기가 하나님께로부터 오셨다가 하나님께로 돌아가실 것을 아시고 4 저녁 잡수시던 자리에서 일어나 겉옷을 벗고 수건을 가져다가 허리에 두르시고 5 이에 대야에 물을 떠서 제자들의 발을 씻으시고 그 두르신 수건으로 닦기를 시작하여
(중략)
12 그들의 발을 씻으신 후에 옷을 입으시고 다시 앉아 그들에게 이르시되 내가 너희에게 행한 것을 너희가 아느냐 13 너희가 나를 선생이라 또는 주라 하니 너희 말이 옳도다 내가 그러하다 14 내가 주와 또는 선생이 되어 너희 발을 씻었으니 너희도 서로 발을 씻어 주는 것이 옳으니라 15 내가 너희에게 행한 것 같이 너희도 행하게 하려 본을 보였노라.

● 말씀 나누기

>>본문 말씀의 질문에 대하여 나누어 보세요.

1. 부모님이 당신의 발을 씻어준 경험을 말해 주세요.

2. 당신의 발을 타인이 씻어주면 어떤 느낌이 들까요?

3. 당신은 타인의 발을 씻어주듯이 타인의 아픔과 허물을 씻어주기 위해 노력한 경험이 있나요?

4. 높은 사람이 되어 섬김을 받는 모습과 높은 사람이 되어 낮은 사람을 섬기는 모습을 본 적이 있는지 이야기해 보세요.

발을 씻는 행위는 몸을 다 씻고 마지막에 씻게 됩니다. 전 세계 사람들은 이와 같은 순서로 목욕을 합니다. 목욕의 마지막은 가장 더러운 곳을 가장 마지막에 씻기 때문입니다. 밖을 나갔다 오면 흙먼지를 가장 많이 받거나 이동하면서 신발 속에 갇혀 있는 발을 씻는 것도 사람들의 공통된 행동입니다. 그래서 발을 씻는 행위를 남에게 맡기지는 않습니다. 더러운 일이라는 것을 알고 있기 때문입니다. 그런데 예수님이 제자들의 발을 씻어주면서 다음과 같이 말하십니다. "내가 너희에게 행한 것 같이 너희도 행하라"고 말씀하십니다. 우리의 신앙은, 우리의 믿음은 섬김을 받기 위함이 아니라 예수님이 사람들을 위해 피 흘리신 것처럼 고통을 감수하고 더러운 일도 마다하지 않는 것에 기초합니다. 내가 낮아질 때, 우리가 세상의 더러워진 발을 씻고자 할 때, 사람들은 우리의 낮아짐의 자세를 통해 주님의 깊은 뜻을 알게 됩니다.

02 세례식

말씀 읽기

>>성경 말씀을 읽고 와닿는 단어나 문장을 선택한 후 그 이유를 설명해보세요.

고린도전서 10:1-4절

1 형제들아 나는 너희가 알지 못하기를 원하지 아니하노니 우리 조상들이 다

　구름 아래에 있고 바다 가운데로 지나며

2 모세에게 속하여 다 구름과 바다에서 세례를 받고

3 다 같은 신령한 음식을 먹으며

4 다 같은 신령한 음료를 마셨으니 이는 그들을 따르는 신령한 반석으로부터

　마셨으매 그 반석은 곧 그리스도시라

● 말씀 나누기

>>본문 말씀의 질문에 대하여 나누어 보세요.

1. 당신이 기억하는 목욕은 몇 살 때 입니까?

2. 사람들이 목욕을 하는 이유는 무엇입니까?

3. 당신은 목욕을 하며 몸을 깨끗하게 하듯 과거를 깨끗이 씻었으면 하는
   일은 무엇입니까?

4. 물을 통과함으로 우리가 죄를 씻고 새사람이 되었다는 말과 신령한
   음식을 먹고 가족이 되었다는 말이 어떻게 느껴집니까?

목욕은 몸을 깨끗하게 만든다는 사실을 우리 모두는 압니다. 또한 문화, 역사적으로 물은 깨끗하기 위한 정화 의식으로 사용되었습니다. 이런 우리의 습관과 풍습을 통해 주님은 중요한 의미를 우리에게 전하십니다. "나를 통해서 너희는 깨끗함을 얻을 수 있다. 나의 피흘림은 너희의 죄를 사해주는 의미란다."라는 말을 하고자 물을 통해 세례를 줌으로 죄인 된 존재에서 의로움을 입은 존재가 되었다는 사실을 깨닫기 원하셨습니다. 영적으로는 구원을 받은 바 되었지만 우리의 의식을 통해 분명하게 경험하도록 세례를 통해 그 구원 받은 기쁨을 확인하기를 원하셨습니다. 세례는 나의 영혼이 깨끗해 졌다. 내가 주님의 자녀가 되었다는 사실을 눈으로 확인할 수 있는 의식입니다.

03 성찬식

말씀 읽기

>>성경 말씀을 읽고 와닿는 단어나 문장을 선택한 후 그 이유를 설명해보세요.

누가복음 22장 15-20절

15 이르시되 내가 고난을 받기 전에 너희와 함께 이 유월절 먹기를 원하고 원하였노라 16 내가 너희에게 이르노니 이 유월절이 하나님의 나라에서 이루기까지 다시 먹지 아니하리라 하시고 17 이에 잔을 받으사 감사기도 하시고 이르시되 이것을 갖다가 너희끼리 나누라 18 내가 너희에게 이르노니 내가 이제부터 하나님의 나라가 임할 때까지 포도나무에서 난 것을 다시 마시지 아니하리라 하시고 19 또 떡을 가져 감사기도 하시고 떼어 그들에게 주시며 이르시되 이것은 너희를 위하여 주는 내 몸이라 너희가 이를 행하여 나를 기념하라 하시고 20 저녁 먹은 후에 잔도 그와 같이 하여 이르시되 이 잔은 내 피로 세우는 새 언약이니 곧 너희를 위하여 붓는 것이라

● 말씀 나누기

>>본문 말씀의 질문에 대하여 나누어 보세요.

1. 본문을 드라마나 영화의 장면이라고 생각하고 보이는 것들을 말해보세요.

2. 본문에서 예수님은 제자들과 먹기를 원하고 원한다는 표현으로 말합니다. 그 심정은 어떠한 것 같습니까?

3. 당신은 어떤 사람과 먹기를 원하고 원했던 적이 있습니까?

4. 당신에게 예수님이 떡을 떼어 주시며 이는 내 몸이라고 하시며 먹으라 하셨습니다. 당신은 그 떡을 먹으면서 어떤 감정과 행동을 할 것 같습니까?

5. 피로 맺은 언약이라 했습니다. 당신에게 피를 흘리면서라도 약속을 지켜줄 사람이 있다면 어떤 느낌이 들까요?

식탁에 둘러 앉아 밥과 음식을 먹는 일은 매일 가족과 더불어 합니다. 만찬이란 더 푸짐한 음식을 나누는 일입니다. 푸짐한 음식을 싫은 사람, 원수 된 사람과 먹지는 않습니다. 마찬가지로 예수님은 가장 사랑하는 제자들과 만찬을 나누십니다. 그 만찬에 차려진 음식 가운데 빵과 포도주를 가지고서 주님이 이 땅에 오신 의미를 가르쳐주셨습니다. "이 빵은 내 살이요. 이 포도주는 나의 피"라고 말입니다. 피와 살을 나눈 사람을 우리는 가족이라 합니다. 그래서 빵과 포도주를 통해 주님의 살과 피를 상징적으로 우리와 나눈 것입니다. 이를 통해 혈육처럼 피와 살을 나눈 가족이 되었다고 말하십니다. 성찬에 참여한 우리 모두는 주님의 가족이 되었음을 확인하는 시간입니다.

이미지성경공부 3

초판1쇄 발행 2021년 10월 7일

지 은 이   이영미, 이미숙, 우치언
펴 낸 이   이영미
펴 낸 곳   도서출판 액션메소드
디 자 인   이보라
일러스트   김상준
등록번호   제2019-000041호
주   소   서울시 서초구 바우뫼로 20길 25 B1
전   화   070-4177-4567
S N S   http://fb.me/actionm0301
           blog.naver.com/actionm0301
이 메 일   actionm0301@naver.com
I S B N   979-11-965834-7-7